中国社会科学院创新工程学术出版资助项目

中国财政政策周期特征研究

付敏杰 著

中国社会科学出版社

图书在版编目(CIP)数据

中国财政政策周期特征研究/付敏杰著. —北京：中国社会科学出版社，2019.4

ISBN 978-7-5203-3281-1

Ⅰ.①中… Ⅱ.①付… Ⅲ.①财政政策—研究—中国 Ⅳ.①F812.0

中国版本图书馆CIP数据核字(2018)第233038号

出 版 人	赵剑英
责任编辑	王 琪
责任校对	李 莉
责任印制	王 超

出　　版	中国社会科学出版社
社　　址	北京鼓楼西大街甲158号
邮　　编	100720
网　　址	http://www.csspw.cn
发 行 部	010-84083685
门 市 部	010-84029450
经　　销	新华书店及其他书店
印　　刷	北京明恒达印务有限公司
装　　订	廊坊市广阳区广增装订厂
版　　次	2019年4月第1版
印　　次	2019年4月第1次印刷
开　　本	710×1000 1/16
印　　张	11.25
插　　页	2
字　　数	165千字
定　　价	49.00元

凡购买中国社会科学出版社图书，如有质量问题请与本社营销中心联系调换
电话：010-84083683
版权所有　侵权必究

目 录

导论　周期特征：财政政策有效性研究的新视角 ……………（1）

第一章　中国宏观经济波动与财政调控的典型事实 ……………（5）
　　一　"收放循环"中的"宏观税负" ……………………………（6）
　　二　宏观经济波动与财政调控的典型事实 ……………………（21）

第二章　市场化转型中的财政政策周期特征转变 ……………（31）
　　一　文献梳理 ……………………………………………………（31）
　　二　方法论 ………………………………………………………（37）
　　三　变量和数据 …………………………………………………（42）
　　四　1952年以来中国财政政策周期特征的总体描述 …………（48）
　　五　1952年以来中国财政支出周期特征的计量分析 …………（51）
　　六　市场化改革与中国财政政策周期特征的动态 ……………（56）
　　七　VAR分析 ……………………………………………………（61）
　　八　结论与思考 …………………………………………………（64）

第三章　中国财政政策周期特征的国际视野 …………………（65）
　　一　发展中国家财政政策周期：理论和文献 …………………（67）
　　二　国际环境中的中国基本面数据 ……………………………（71）
　　三　方法论 ………………………………………………………（79）

四　中国政府消费的周期特征及其动态 ……………………（81）
　　五　中国财政政策周期特征的国际视野：两阶段方法 ……（84）
　　六　结果和结论 ……………………………………………（87）

第四章　分税制、转移支付与地方政府财政政策的周期特征 …（88）
　　一　我国现行的政府间转移支付制度 ……………………（90）
　　二　文献梳理 ………………………………………………（91）
　　三　数据和方法 ……………………………………………（98）
　　四　31个省份的财政政策周期特征描述 ………………（102）
　　五　转移支付政策的周期特征 ……………………………（107）
　　六　转移支付与地方政府财政政策周期特征 ……………（109）

第五章　走出顺周期财政调控的国际经验与政策选择 ………（117）
　　一　美国财政政策的演变 …………………………………（117）
　　二　美国中长期预算的基本经验 …………………………（136）
　　三　智利的结构预算 ………………………………………（144）
　　四　走出财政政策顺周期调控的中国方案 ………………（149）

附　录 ………………………………………………………………（153）

参考文献 ……………………………………………………………（161）

后　记 ………………………………………………………………（176）

导 论

周期特征：财政政策有效性研究的新视角

现代财政政策是在凯恩斯经济学框架下展开的，其作用集中于逆风向调节和平抑经济波动，即在经济衰退时期采用扩张性财政政策，可以帮助经济体实现总需求扩张、就业增加和 GDP 增长；在经济过热时期采用紧缩性财政政策，可以帮助经济体抑制过热所产生的通胀风险。尽管发达国家的繁荣期紧缩性财政政策调控已经不像中国这么普遍，但是两种逆风向的反周期财政政策在理论上都是可以实现的，这一点在中国表现得尤其明显。在 2000 年以来的宏观调控中，逆风向的财政政策被同时用于萧条期调控和繁荣期调控，积极的财政政策被用于稳增长，稳健的财政政策被用于防通胀。

在财政政策效果的研究上，传统方法集中于财政政策乘数（衡量财政制度宏观调控有效性的主要方法是自动稳定器）。在市场经济条件下，政府的任何资源都是取自市场，所以论证财政政策合理性和有效性的关键是财政支出的机会成本，就是财政政策乘数。[①] 但是凯恩

[①] 我们将自动稳定器功能看作财政制度功能，以区别于周期性财政政策，尽管自动稳定器的研究远远滞后于财政政策乘数的研究（见 O. Blanchard, "Comments on 'The Case Against the Case Against Discretionary Fiscal Policy'", In Richard Kopcke, G. Tootell and R. Triest (eds.), *The Macroeconomics of Fiscal Policy*, MIT Press, 2006, pp. 62 – 67; O. Blanchard, G. Dell'Ariccia, P. Mauro, "Rethinking Macroeconomic Policy", *Journal of Money, Credit and Banking*, Vol. 42, 2010, pp. 199 – 215）。王志刚认为相对于财政政策的反周期相机决策而言，中国财政制度的自动稳定功能欠佳（见王志刚《中国财政政策的反周期性效果：基于 1978 年以来的经验事实》，《财政研究》2010 年第 11 期）。

斯主义和新古典经济学对于财政政策效果的分歧由来已久，大衰退以来最新一轮关于财政政策效果的研究也没有消除分歧、形成实质性共识。在影响最大的三篇文献中，Christina Romer 和 David Romer 认为减税乘数显著为3，而 Barro 和 Redlick 则认为暂时性军事支出的乘数仅为0.6—0.7，Ramey 则认为财政支出乘数在0.6—1.2之间变动，而时机是识别财政政策乘数的关键。①

从最初设计的效果来看，财政政策乘数研究可能会存在明显缺陷。一是财政政策乘数是动态的，②在不同的时期对于产出的影响程度不同，从而意味着其自身就会导致产出波动问题。二是财政政策最早是设计用来平抑经济周期的，但乘数研究只是论证了减税或者财政支出具有增加产出的效果，并没有分析这些政策变化是否真的有利于缓和经济波动。乘数研究仅仅论证了财政政策的工具合理性，并没有论证财政政策的政策合理性。

从已有的财政政策研究来看，实际的财政政策未必能做到凯恩斯经济学所要求的反周期调节，尤其是在不发达国家。很多文献都证实了这一点，例如 Gavin 和 Perotti③ 对拉美国家宏观经济波动的研究发现，导致拉美国家两倍甚至三倍于工业国家经济波动幅度的重要原因，是财政政策的顺周期特征，也就是说，拉美国家的财政政策不是在平抑经济波动，而是在加大经济波动。文献同时揭示了顺周期现象

---

① 参见 Christina Romer and David Romer, "The Macroeconomic Effects of Tax Changes: Estimates Based on a New Measure of Fiscal Shocks", *American Economic Review*, Vol. 100, 2010 (June), pp. 763 – 801; Robert Barro and Charles Redlick, "Macroeconomic Effects of Government Purchases and Taxes", *Quarterly Journal of Economics*, Vol. 126, No. 1, 2011 (February), pp. 51 – 102; Valerie Ramey, "Identifying Government Spending Shocks: It's All in the Timing", *Quarterly Journal of Economics*, Vol. 126, 2011, pp. 1 – 50。

② 参见 Eric Leeper, Todd Walker and Shu-Chun Yang, "Government Investment and Fiscal Stimulus", *Journal of Monetary Economics*, Vol. 57, 2010, pp. 1000 – 1012; Valerie Ramey, "Identifying Government Spending Shocks: It's All in the Timing", *Quarterly Journal of Economics*, Vol. 126, 2011, pp. 1 – 50。

③ 参见 Michael Gavin and Roberto Perotti, "Fiscal Policy in Latin America", *NBER Macroeconomics Annual*, Vol. 12, 1997, pp. 11 – 61。

并不是全球经济的普遍问题,这使我们意识到其中可能会存在缓解顺周期和实现逆周期调控的政策措施。例如 Talvi 和 Végh 发现,① G7 国家的财政政策是非周期的,但是发展中国家的财政政策基本是顺周期的,从而将财政政策顺周期特征归结为发展问题。如果顺周期特征是一个发展问题,政策作用的空间就有限,我们只能靠制度建设,而不是简单的政策建议,来消除顺周期现象。除此以外,中国不同于一般发展中国家的重要特征,是发展过程中所伴随的从计划体制向市场化转轨的过程,也就是说,综合研究中国的财政政策周期,必须同时注意到发展和转型的双重事实,在发展和转型的双重背景下探讨中国财政政策周期特征与政策调控表现问题。

从周期特征角度来观察,财政政策有效在 21 世纪正在变得流行。与传统的强调支出相比,财政政策周期研究把财政政策的决策时机和执行过程中的时滞、政治约束等看作财政政策本身的内容,从财政政策与经济周期相伴随的角度来研究财政政策有效性。国内也出现了一些文献,这些文献主要是采用国际标准方法,分析的主体是地方政府财政支出的周期特征问题。② 本书试图在以下五个方面取得创新:(1) 注意中国发展与转型的典型事实对于财政政策周期特征的影响;(2) 分析改革开放以来中国财政政策周期特征的系统性转变;(3) 采用更全面的指标来分析中国的财政政策周期问题,并注意到价格指数问题;(4) 注重中国财政政策周期特征的国际比较,使得我们可以在更宽泛的背景下看待周期特征现象;(5) 在国际背景下提出改善顺周期现象、实现逆周期调控的制度和政策措施。

本书各部分独立成章而又互相联系,构成对于中国财政政策的系

---

① Ernesto Talvi and Carlos Végh, "Tax Base Variability and Procyclicality of Fiscal Policy", *Journal of Development Economics*, Vol. 78, 2005, pp. 156 – 190.

② 参见方红生、张军《中国地方政府竞争、预算软约束与扩张偏向的财政行为》,《经济研究》2009 年第 12 期;方红生、张军《中国地方政府扩张偏向的财政行为:观察与解释》,《经济学(季刊)》2009 年第 3 期;贾俊雪、郭庆旺、赵旭杰《地方政府支出行为的周期性特征及其制度根源》,《管理世界》2012 年第 2 期。

统性研究。全书共分五章，第一章是关于中华人民共和国成立以来中国财政调控与经济发展典型事实的梳理，我们将市场化转型过程对于财政政策周期的影响归结为从国家强制资本形成机制向社会安全网的转变。第二章从时间序列上定量衡量中国的财政政策顺周期特征的动态，发现市场化改革促使中国走出了顺周期调控，实现了财政支出的非周期，但是远远没有达到发达国家的逆周期程度。第三章是对中国财政政策周期特征国际背景和发展经济学背景的分析，研究发现，制度质量、收入分配和金融市场约束都是影响财政政策周期特征的重要因素。第四章集中于地方政府财政支出的周期特征问题，尤其注重了分税制及其所带来的转移支付对于地方政府财政支出周期特征的影响。第五章是经验研究，分析了逆周期调控的典型——美国和实现顺周期到逆周期转变的典型——智利的预算改革经验，并为中国的财政调控改善提出了建议。

第一章

中国宏观经济波动与财政调控的典型事实

中华人民共和国成立 60 多年来的经济增长，伴随着宏观经济从大起大落到"高位平滑化"的过程（见图 1-1）。其中经历的体制变迁，是从高度集中的中央计划经济，到决策相对分散的社会主义市场

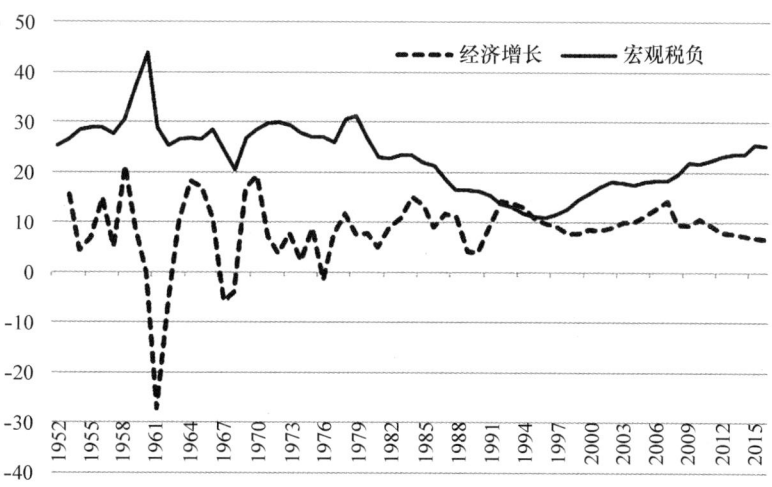

图 1-1　1952 年以来的经济增长与宏观税负（1952—2015）（%）

注：宏观税负为财政支出占 GDP 比重，经济增长为 GDP 增速。

数据来源：Wind 金融咨询终端。

经济；从计划体制下的"收放"循环，到市场经济条件下的财政分权。中国宏观经济波动的历史，就是财政调控的历史。其中折射出来的转轨特征和发展模式，乃至未竟的改革事业和改革方向的重新思考，都具有鲜明的中国特征。

一 "收放循环"中的"宏观税负"

对财政调控历史的考察，必须从财政运行的基本经济制度入手。计划经济是中国前30年经济体制的主要特征。这种模式的选择，既有来自第二次世界大战前众多发展中国家独立选择发展道路的影响，也有美苏两极格局对立下的"站队"问题，更重要的，还是由赶超意识形态下中国的基本国情决定的。1949—1952年，是完成民主革命的经济任务、新民主主义经济体制和政策全面执行的时期。这个时期的主要功绩，是在全国范围内铲除了在中华大地根深蒂固的封建土地制度，建立了强大的国营经济、覆盖面很广的供销社合作经济，将私人资本改造到了符合社会发展目标和宏观经济计划的范围内。在国营经济领导下多重成分并存、计划管理与市场调节相结合的经济体制下，国家已经控制了金融、市场和重工业等国民经济命脉，建立了政企不分、高度集权的财政税收体制。为后续的单一公有制改造和计划经济铺平了道路。①

1953年中国开始了快速的以"进口替代"为导向的赶超型工业化进程，其特点是以苏联的社会主义经济为目标模式，压缩消费和优先发展重工业，在资本稀缺的环境中发展资本密集型重工业，必须要由政府通过强大的国家机器来扭曲要素配置。第一个五年计划期间，政府用计划取代了市场，并取得了经济建设的巨大成就。1953—1957

---

① 参见武力主编《中华人民共和国经济史》（上、下册），中国经济出版社1999年版；吴敬琏《当代中国经济改革：战略与实施》，上海远东出版社1999年版。

年，工农业生产总值年均增长 10.9%，工业总产值年均增长 18%，重工业产值年均增长 25.4%。以 156 个大型项目为主体的工业经济体系初步形成，为中国社会主义工业化的起步奠定了基础。从第一个五年计划开始，中国有了自己的国民经济核算体系，使得后续的数量分析成为可能。

1950 年 2 月，全国财政会议决定统一全国财政经济工作。随后建立了一个严格"统收统支"的财政体制：除按公粮 5%—15% 计征的公粮附加税和若干小税种外，全部公粮和税收归中央统一调度。1953 年第一个五年计划实施时，开始建立中央、省、县三级预算制度，使预算管理的集中度有所下降。1954 年开始实行预算收入分类分成，将国家预算收入划分为固定收入、固定比例收入和调剂收入三类，预算支出则按照行政隶属关系分别编制中央、地方预算。国家重点建设项目和主要支出都是由中央统一拨款，"三级预算"体制以集中为主。1949—1957 年，中央支配的财力占 75%，地方占 25%。[①] "一五"期间的财政收入比重基本稳定，保持在 26%—28%。

随着斯大林的逝世和苏联对斯大林工业模式的反思，中国开始探索改革传统社会主义模式以适应本国国情，表现为 1958—1978 年的两轮体制内的"行政分权"[②] 和由此所带来的宏观经济大起大落（见

---

① 参见倪家铸、严英龙、陈升、章寿荣《地方政府投资行为研究》，中国经济出版社 1993 年版。

② 关于分权的划分，1966 年 Schurmann 划分了社会主义分权的两种形式："分权Ⅰ"是将生产决策权下放到生产单位，"分权Ⅱ"是将决策权下放到下级行政单位。与"分权Ⅰ"的体制改革相比，"分权Ⅱ"的核心是体制下放。中国 1956 年开始经济体制改革时，"分权Ⅰ"的想法占优势，1957 年决定实行包含两种分权的混合式改革，1958 年实际执行的则是"分权Ⅱ"，而"分权Ⅰ"与南斯拉夫企业自治经验一起被纳入"修正主义"。1977 年 Bornstein 提出了分权的两种模式："行政分权"主要是改进原有的行政管理方法，"经济分权"的目标则是走向政府规制下的市场经济（参见吴敬琏《当代中国经济改革：战略与实施》，上海远东出版社 1999 年版，第 68 页）。

图1—1)。① 中共八大对第一个五年计划期间的经济发展进行了系统总结，并集中反映在了1956年毛泽东同志的《论十大关系》中。《论十大关系》讨论了国民经济农、轻、重各部门之间的比例关系，强调更多地发展农业和轻工业，才能使重工业发展的基础更加稳固。同时又专门论述了发挥地方积极性对于经济建设的重要性，认为传统苏联模式的弊端就是权力过于集中，损害了地方政府、生产单位和劳动者个人的积极性，认为当前的重点是"扩大一点地方的权力，给地方更多的独立性，让地方办更多的事情"②。随后关于改进工业、商业和财政管理体制的三个决定，把部分权力下放给地方和企业，由此在计划经济体制内开始了中国第一次放权实验。

第一个五年计划的提前完成，在极大鼓舞了国内社会主义经济建设热情的同时，也暴露了当时管理体制上的弊端。为了推进第二个五年计划，在总结前期经验的基础上，1957年11月国务院通过了关于改进工业、商业和财政管理体制的三个决定，开始尝试把部分权力下放给地方和企业。1958年3月，中共中央在成都会议上讨论了计划、工业、基建、物资、财政、物价、商业、教育等方面的管理体制改革问题，重点是管理权下放给地方，向地方分权。4月，中央颁布《关于协作和平衡的几项规定》，放松了对于限额以上基建项目的审查管

---

① 苏联国内关于采用以市场交换为基础的"新经济政策"还是以计划为核心的"国家辛迪加"来实现工业化道路的争论有两次高潮。第一次是"布普之争"，普列奥布拉任斯基1924年发表在《共产主义学院学报》上的《社会主义积累的基本规律》提出，社会主义原始积累是不可逾越的阶段，其最重要的形式是工农业产品的"剪刀差"，新经济政策的实行延缓了国家工业化的速度。布哈林则针锋相对，论证了工农业产品之间的市场交换和新经济政策的合理性。这次论战因新经济政策的持续而以布哈林获胜。第二次争论是布哈林与昔日盟友斯大林之间的论战。针对斯大林的终止"新经济政策"等一系列"左"倾举动，布哈林反对其最大限度地将资金抽离农业用于工业，批评斯大林为了发展重工业而忽略轻工业和农业的倾向，反对斯大林为了工业发展而将一切用于积累，强调"积累的界限"。第二场争论以布哈林1938年被苏联当局处决告终。这两次论战，也被称为"目的论"和"发生学"之战（参见吴敬琏《当代中国经济改革：战略与实施》，上海远东出版社1999年版，第18—20页）。

② 毛泽东：《论十大关系》，载《毛泽东著作选读（下册）》，人民出版社1986年版，第729页。

理。随后国务院发出《关于地方财政收支范围、收入项目和分成比例改为基本上固定五年不变的通知》，将1957年下放工业、商业和财政管理权规定中的"三年不变"调整为"五年不变"。5月，发布实行企业利润留成制度。6月，又将工业、交通、商业、农垦各部门所管辖的企业，全部或绝大部分下放给地方管理。9月，《工商统一税条例（草案）》开始将货物税、商品流通税、营业税和印花税合并简化为工商统一税，中央和地方的总量分成制度由此建立，计划体制内轰轰烈烈的第一次放权运动由此开始（见表1-1）。

表1-1　　　　　　　　　1957—1958年的权力下放

时间	文件（会议）	内容
1957年11月14日	全国人大常委会第八十四次会议批准国务院《关于改进工业管理体制的规定》《关于改进商业管理体制的规定》《关于改进财政管理体制的规定》	扩大地方工业、商业和财政管理权限。将地方财政收入划分为地方固定收入、企业分成收入、调剂分成收入三部分，分成比例三年不变。地方预算的年终结余，全部留给地方
1957年12月13日	财政部《关于1958年对地方财政划分收入的几项规定的通知》	依据各省、自治区、直辖市的不同情况确定调剂分成比例
1958年3月8—26日	中共中央成都会议讨论了计划、工业、基建、物资、财政、物价、商业、教育等方面的管理体制改革问题	管理权下放给地方，向地方分权
1958年4月5日	中共中央《关于协作和平衡的几项规定》	实行双计划体制，以处理条条和块块之间的矛盾，放松了对限额以上基建项目的审查管理
1958年4月11日	国务院《关于地方财政收支范围、收入项目和分成比例改为基本上固定五年不变的通知》	将1957年11月下放工业、商业和财政管理权规定中的"三年不变"调整为"五年不变"
1958年5月22日	国务院《关于实行企业利润留成制度的几项规定》	将企业实现的利润，按照一定的比例留给企业，由企业在规定的范围内，自行安排使用

续表

时间	文件（会议）	内容
1958年6月2日	中共中央《关于企业、事业单位和技术力量下放的规定》	将工业、交通、商业、农垦各部门所管辖的企业，全部或绝大部分下放给地方管理
1958年9月13日	国务院发布试行《工商统一税条例（草案）》	将货物税、商品流通税、营业税和印花税合并简化为工商统一税，强化总量分成制度
1958年9月24日	国务院发布《关于改进计划管理体制的规定》《关于市场物价分级管理的规定》《关于进一步改进财政管理体制和改进银行信贷管理体制的几项规定》	进一步下放计划管理权、物价管理权和财政管理体制
1958年10月15日	全国财贸工作会议举行	提出机构下放、计划统一和财政包干，实行"两放、三统、一包"

说明：作者根据《共和国财税60年》（高培勇主编，人民出版社2009年版）相关内容整理而成。

中央放松了对于地方基建项目的审批程序，将计划管辖权、基建项目审批权、商业和银行管辖权、财权和税权、劳动管理权、教育管理权和大部分中央所属企业的管辖权交给地方政府。[①] 在财经领域中改革预算制度，使其具有承包制特点。1958年开始实行中央和地方之间"比例分成、三年不变"的体制，成为20世纪80年代"分灶吃饭"和"财政大包干"的先河。在快速的人民公社化基础上实行国有企业"利润留成"，国有制成为唯一的经济基础。[②] 地方政府的财

[①] 1958年中央直接管理的企业减少到1075个，比1957年减少88.4%（参见金太军、汪波《经济转型与我国中央—地方关系制度变迁》，《管理世界》2003年第6期）。

[②] 林毅夫认为，1958年的人民公社化是导致"三年自然灾害"时期国民经济大幅下滑的主要制度原因。

力大大增强,开始利用手中的机动财力大铺摊子,极大加剧了"高指标""瞎指挥""浮夸风",从而实际上成为政府推进"大跃进"的财税制度基础。

1956年的中共八大吹响了大干快上的号角。在第一个五年计划提前完成的基础上,大会通过"集中力量发展社会生产力,实现国家工业化","尽快把我国从落后的农业国转变为先进的工业国",这导致《论十大关系》中关于产业结构调整的总结成为泡影,在全国人民热火朝天的社会主义建设浪潮中,中国经济增长率推高到了21.7%的历史高点。但是由于1957—1958年的体制下放过快过急,过于盲目,导致了全国基建规模膨胀,工业企业数、职工数和城镇人口急剧增加,国民经济比例严重失调,中央财力明显削弱,国家财政赤字累积和通货膨胀。[①] 本轮权力下放,财政收入占国民经济的比重上升到了1949年以后的历史最高点(1960年甚至达到了39.3%),政府掌握的财力空前增强。但是积累过多导致经济发展持续性过差,"大跃进"失败后,宏观形势急转直下,经济出现了大幅负增长。从数据来看,1957—1958年的分权实验,同时造就了中华人民共和国成立以来最快的经济增长和最严重的经济衰退(见图1-1)。

"大跃进"失败后,我国进入国民经济调整时期,"调整、巩固、充实、提高"成为经济建设新的指导方针。《关于调整管理体制的若干暂行规定》提出,近两三年内将经济管理的大权收归到中央和中央局。全国一盘棋,上下一本账,各级部门不得层层加码。中央和地方政府间的财政体制重新恢复到"总额分成,一年一定"。1962年中央财经领导小组成立,统一管理全国财经工作。中央回收下放给地方的诸多权限,再度实行高度集中的管理体制,标志着第一次下放经济管理权的实验正式告终。中央重新掌握全部限额以上的建设项目审批和

---

① 周太和主编:《当代中国的经济体制改革》,中国社会科学出版社1984年版,第161页。

投资，实行专项拨款制度，严格限制地方预算外资金，将一批下放的工业企业回收到中央，① 加强财政、信贷、生产资料流通管理和劳动工资统一管理。经过国民经济调整，工农业总体水平超过了 1957 年，各结构指标开始恢复正常，财政收入比重稳定在 27%—29% 的水平（见图 1-2），其代价是地方政府和农民的生产积极性受到了明显的抑制。"一收就死，一放就乱"的格局基本形成。

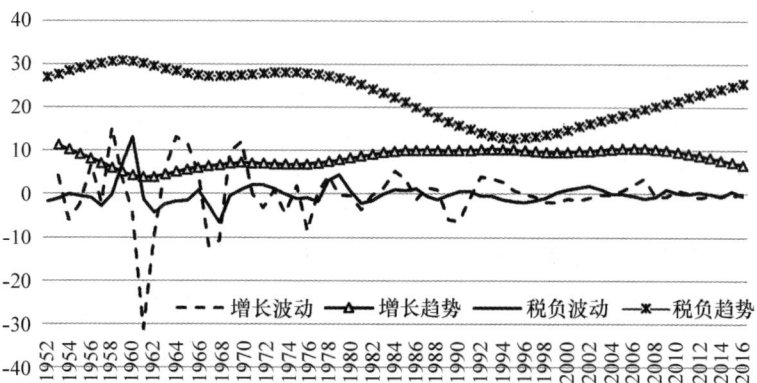

图 1-2 经济增长与宏观税负的演变趋势（1952—2016 年）（%）

注：波动和趋势都是经 HP 滤波调整。

数据来源：Wind 金融咨询终端。

1966—1976 年，伴随着中国新一轮的"收放循环"②，体制下放的主要措施是下放企业和管理权，精简国家机构，下放财政、物资、基建投资权，伴随着财政收入比重的大幅下滑。③ 1969 年 5 月 1 日，

---

① 1958 年权力下放后，中央直属企事业单位只剩下 1200 个。1965 年调整期结束后，中央企事业单位增加到 10533 个，各部直属企业单位的产值占到全国总产值的 42.2%，其中生产资料部分占 55.1%（参见倪家铸、严英龙、陈升、章寿荣《地方政府投资行为研究》，中国经济出版社 1993 年版）。

② 参见张五常《中国的经济制度（神州大地增订版）》，中信出版社 2009 年版；Chenggang Xu, "The Fundamental Institutions of China's Reforms and Development", *The Journal of Economic Literature*, Vol. 49, No. 4, 2011, pp. 1076-1151.

③ 1978 年 10 月，时任国务院副总理李先念总结了中国二十多年经济体制改革的缺点，认为是将注意力放在行政权力的分割和转移上，由此形成"放了收，收了放"的"循环"（参见吴敬琏《当代中国经济改革：战略与实施》，上海远东出版社 1999 年版，第 70 页）。

全国最大的企业——鞍山钢铁公司下放至辽宁鞍山市管理。1970年在"下放就是革命,越下放越革命"的口号下,开始大规模体制下放。国务院要求各部把直属企事业单位的绝大部分下放到地方管理,同年国务院部委由80多个精简为27个,人员编制缩小到原来的18%[①]。1971年开始实行"定收定支、收支包干、保证上缴、结余留用、一年一定"的地方财政收支包干,地方无力承担的重点项目,由中央和地方共同出资。地方政府的积极性得到了发挥,地方工业有了较大的发展,经济增速再度接近20%,同时宏观税负恢复稳定,积累率接近30%,但是国民经济随着"文化大革命"而再度严重失控。数据显示(见图1-3),与"大跃进"时期相比,本轮权力下放程度更深,中央的财政收入比重甚至降到了1975年的11.85%的历史最低点,国民经济再度失控。伴随着"文化大革命",国民经济走向了崩溃的边缘。从两轮权力下放的经验来看,由政府间权力配置导致的宏观税负不稳定,是计划经济时期宏观经济不稳定的根源。

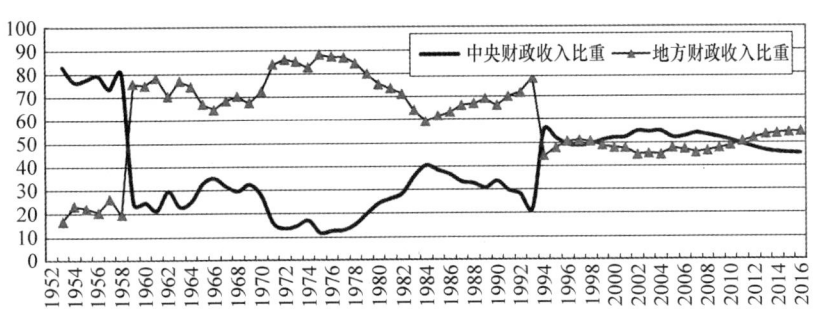

图1-3 中央和地方财政收入比重变化(1952—2016年)(%)

说明:数据来自《中国统计年鉴2016》和《新中国55年统计资料汇编》,凡是有数据更新的,以更新后的数据为准。(参见中华人民共和国国家统计局编《中国统计年鉴2016》,中国统计出版社2016年版;国家统计局国民经济综合统计司编《新中国55年统计资料汇编(1949—2004)》,中国统计出版社2005年版)

---

① 参见武力主编《中华人民共和国经济史》(上、下册),中国经济出版社1999年版。

整个计划经济时期,高度集中的财税体制呈现以下特点:(1)国民经济全覆盖。[①] 财政不但涵盖了政府的公共资源,还包括企业财务、国有企业职工和公社农民的家庭收支,劳动者的生产资料消费完全从属于再生产。企业利润基本全部上缴财政,企业投资和营业亏损由财政弥补。财政统配社会资源,成为国家资本形成链条中的重要环节。财政收入具有自产性,财政支出具有建设性。(2)财政收入直接来自国有企业利润和以此为基础的"工商税",国有企业利润必须以扭曲的价格体系为基础。计划的经济基础是定价权,政府利用计划体系内的定价权,通过对农产品制订垄断地价和工业品垄断高价之间的"剪刀差",以国有企业的形式组织收入。1952年,国家预算收入的35.8%来自工业,1957年就已经上升到50.3%,1965年进一步上升到65.7%,随后十五年间保持在65%—70%之间。(3)差别税率。为了贯彻计划者的产业发展意图,各产业之间的税负差别巨大。1980年轻工业应缴工商税的平均税率为18.9%,卷烟为317%,而重工业仅为4.6%。

表1-2　　　　财政(管理)体制调整(1976—2001年)

时间	文件(会议)	内容
1976年3月3日	财政部通知从1976年起试行"定收定支挂钩、总额分成,一年一变"的财政管理体制	
1978年2月17日	财政部发出《关于试行"增收分成、收支挂钩"财政体制的通知》	
1979年7月13日	国务院发布《关于试行"收支挂钩、金额分成、比例包干、三年不变"财政管理办法的若干规定》	1980年起在各地试行,同时在四川进行"划分收支、分级包干"试点。7月15日,中共中央原则上同意广东、福建两省实行"划分收支、定额上缴(或补贴)、五年不变"的包干办法

---

① 也有文献将1949—1978年的中国财政称为"全能财政"(参见崔潮《中国现代化进程中的财政制度变迁》,博士学位论文,财政部财政科学研究所,2011年)。

续表

时间	文件（会议）	内容
1980年2月1日	国务院发布《关于实行"划分收支、分级包干"财政管理体制的暂行规定》	实行"分灶吃饭"，即"划分收支、分级包干"财政体制；共有四种形式："固定比例分成""调剂收入分成""定额补助""大包干制"，基本按照企事业单位隶属关系来划分中央和地方收支范围，分成比例或补助数额，一定五年不变
1982年12月4日	国务院发布《关于改进"划分收支、分级包干"财务管理体制的通知》	1983年起，除广东、福建两省外，其他各省、自治区一律实行收入按固定比例总额分成的包干办法
1985年3月21日	国务院发出《关于核定收支、分级包干财政管理体制的通知》	划分中央和地方财政的固定收入；划分各级财政支出，制定中央和地方共享收入，实行比例分成；继续实行分级包干
1988年	实行"大包干"财政体制	共有六种形式："收入递增包干""总额分成""总额分成加增长分成""上解递增包干""定额上解"和"定额补助"
1993年12月15日	国务院发布《关于实行分税制财政管理体制的决定》	从1994年1月1日起施行，包括三个部分：中央地方税收的划分、中央与地方事权和支出的划分、中央对地方税收返还数额的确定
2001年12月31日	《国务院关于印发所得税收入分享改革方案的通知》	2002年1月1日起，实施所得税分享改革。将按照企业隶属关系划分中央与地方所得税收入的办法，改为中央与地方按统一比例分享。2002年中央与地方各50%，2003年起中央分享60%、地方分享40%

说明：作者依据《共和国财税60年》（高培勇主编，人民出版社2009年版）相关内容整理而成。

与1958年相比，1978年开始的新一轮改革的重点，是扩大国有企业的自主权。① 到1980年,向企业扩权的试验已占预算内工业产值的60%、利润70%的6600个国有大中型企业。② 企业财权扩大,加工资、发奖金成为潮流,财政平衡压力空前加大,1979年财政出现巨额赤字。1980年财政体制开始转向以"分灶吃饭"和"财政大包干"为核心的承包制,以期充分发挥中央和地方两个积极性。承包制虽然保证了财政收入的连年增长,但是也带来严重的问题,例如区域税负负担不均,低水平重复建设,区域市场分割造成"诸侯经济"、利益割据等,并对后续改革造成了深远影响。③

体制内阻力的存在,使改革重心开始从城市国有企业转向农村集体企业,中央允许农民依据自愿实行家庭承包制度。两年时间,家庭承包制就在全国绝大部分农业人口中取代了"三级所有,队为基础"的人民公社制度,以集体所有制为基础的乡镇企业快速发展,非国有工业的产出增长率超过国有工业约一倍。1984年乡镇企业总产值比1983年增长40%,比1980年翻了一番,1985年又比1984年增加60%。④ 1992年乡镇企业在全国工业总产值中已经是"三分天下有其一",成为农村和整个国民经济发展的重要支柱。

市场经济的快速发展,使中国原有的财政管理体制已经很难适应新形势的需要。计划经济时期以国有企业利润为主要来源的财政基础,随着国有企业利润的大范围下滑乃至破产而迅速销蚀。与国有企业办社会相比,乡镇企业所具有的土地、养老、税收、激励等体制成本优势造就了新的体制内外不平等,新兴非公企业正在成为稳定而快速成长的税基。国有企业利改税的实施,保证了1978—1993年财政

---

① 十一届三中全会公报提出,"让地方和工农业企业在国家统一计划的指导下,有更多的经营管理自主权"。参见《中国共产党第十一届中央委员会第三次全体会议公报》(http://cpc.people.com.cn/GB/64162/64168/64563/65371/4441902.html)。
② 参见吴敬琏《当代中国经济改革:战略与实施》,上海远东出版社1999年版,第71页。
③ 参见沈立人、戴园晨《我国"诸侯经济"的形成及其弊端和根源》,《经济研究》1990年第3期。
④ 参见沈立人《农村工业化和国家工业化》,《中国工业经济》1986年第7期。

收入连年增长,但是其占国民收入的比重却不断下降(见图1-4)。与此同时,随着财政包干制的重新实行,中央财政收入的比重不断下滑,地方财政的实力迅速增强。1994年中国开始实行分税制改革,其主要的目的是提高两个比重:一是财政收入占GDP的比重;二是中央财政占全部财政收入的比重。1993年中央财政收入在全部财政收入中占22%,1994年上升到55.7%,随后财政收入占GDP比重连年下降的趋势在1996年明显扭转。财政收入明显增加,财政收入增速达到GDP的两倍甚至三倍。① 政府财力不断增强,宏观调控能力也不断改善。2011年中国财政收入达到10.39万亿元,占GDP的比重由1994年的10.8%上升到21.97%。再加上政府性基金收入4.14万亿元、社会保障预算收入1.29万亿元和国有资本经营预算0.09万亿元,全口径统计的财政收入已经超过15.91万亿元,占当年GDP 47.29万亿元的33.6%。② 分税制改革的初衷已经达到。

在计划经济时期,财政支出主要用于国有资本形成。1950—1979

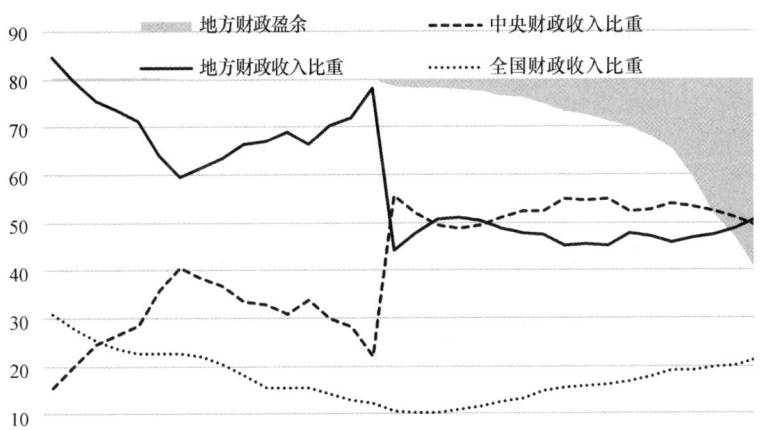

图1-4 分税制前后的中央、地方关系(1952—2016年)(%)
数据来源:Wind金融咨询终端。

---

① 高培勇:《中国税收持续高速增长之谜》,《经济研究》2006年第12期。
② 存在重复计算,为社保基金预算中来自公共财政预算支出的部分。

年国家投资占投资总额的84.83%①。1978年财政支出的64%是直接用于经济建设的,当时的财政属于典型的建设财政。这种国有资金体制内循环的"部门财政",与国有银行组成的金融部门一样,具有为(国有)经济建设融资的典型性质。财政收入主要也来自国有部门上缴的利税。例如1978年,国有企业上缴的利税之和占到了财政收入的86.8%,加上集体经济上缴的12.7%,财政收入结构是清一色的国有来源结构。②

随着经济体制改革的逐步推进,财政资金来源和支出项目逐步多元化。非公有制经济的发展和上缴税收份额的不断加大,使经济建设支出在财政支出方面的比重逐步稳定下降,在20世纪90年代末已经下降到财政支出的50%以下,1997年下降到40%,2003年下降到30%,2006年下降到财政支出的1/4左右(见图1-5),2006年以

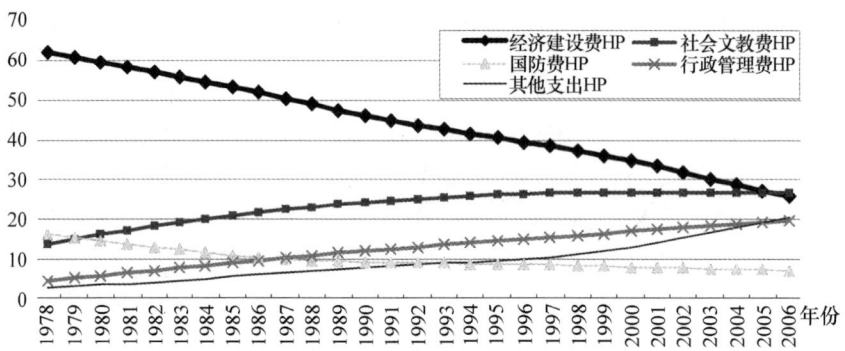

图1-5 功能性财政支出的结构性变化(1978—2006年)(%)

说明:数据来自《中国财政年鉴2007》。2006年(含2006年)以前的政府收支目录中,功能性财政支出共包含五个项目:经济建设费、社会文教费、国防费、行政管理费和其他支出。2007年以后由于政府收支目录调整,数据不再具有可比性。所有数据经过HP滤波调整。

---

① 参见倪家铸、严英龙、陈升、章寿荣《地方政府投资行为研究》,中国经济出版社1993年版。

② 参见高培勇《公共财政:概念界说与演变脉络——兼论中国财政改革30年的基本轨迹》,《经济研究》2008年第12期。

后建设类支出的下降已经不能通过图中数据直接反映出来。与建设支出稳步下降形成鲜明对比的是社会和福利类用于构筑社会安全网支出的不断增加。2007年,因围绕经济建设为中心的财政支出体系已经很难反映新财政支出的社会发展重点方向〔突出表现在以社会保障为主体的"其他支出"项目财政支出的比重,已经从1997年的10%上升到2006年的20%(见图1-5)〕,国家统计局开始实行新的政府收入分类目录。实际上,如果不是2008年的全球性经济危机和政府为走出危机的临时性举措,财政支出的结构性转型会更加明显。

由于中国渐进式改革的增量改革特征,本书制作了每年增量财政性资金的支出分类(见图1-6),以此来更加明确地代表政府支出目标的转变。1978年新增经济建设支出依然占到每年新增财政支出的80%左右,社会和福利支出处于负增长。整个20世纪80年代新增经济建设支出的比重稳步下降,90年代没有明显的变化,21世纪再度下降。2006年新增财政支出资金中只有20%是直接用于经济建设的。与此同时,可以看到社会和福利类支出在两个时期(20世纪80年代和2000年以后)迅速上升,2006年以社会保障为主体的"其他支出"已经成为新增财政支出的主要项目,构筑社会安全网的特征更加明显。

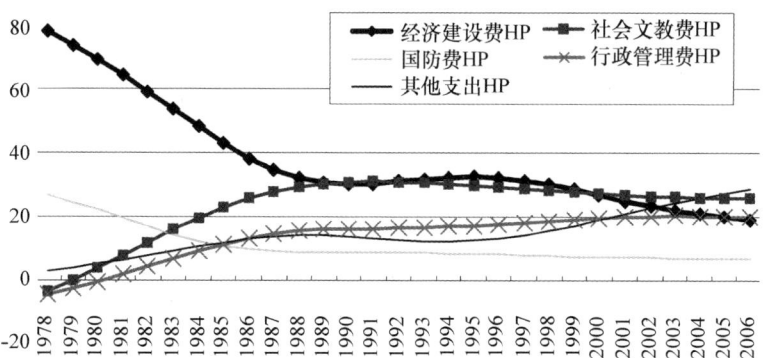

图1-6　增量功能性财政支出的结构性变化(1978—2006年)(%)

说明:数据及其处理同图1-5。

在新中国的历次经济波动中，只有两次显示出现代宏观调控的特征，就是1998年东南亚金融危机和2008年全球金融危机中的扩大内需调控，其余的均为繁荣期调控，也就是中国特有的"防止经济过热"。① 1998年的东南亚金融危机，引发了中国第一轮具有凯恩斯主义色彩的、以扩大内需为导向的宏观调控。② 早期的反危机措施是加大国内基础设施投资，以提高出口退税率、加强出口信贷等启动外需，并于2002年加入世界贸易组织，解决了内需不足问题。1998年更积极的财政政策还包括增加1998年预算、增加赤字，增发国债1000亿元，将小型商业的增值税率从6%下调到4%等，但是减税和调整税制的力度，远远低于增加财政支出和信贷支出的力度。

面对2008年的全球金融危机，中国政府推行的"4万亿投资计划"令世界瞩目，也使得中国最早从经济危机中复苏。2009年中国新增贷款9.59万亿元，比上年增加4.69万亿元。这些信贷极大地促进了中国经济总供给能力的增加。除此之外，中国还推行了明确的"结构性减税"措施。已经实施的减税措施是提高个人所得税扣除标准，减少超额累进税率档级；免除储蓄利息所得税；统一内外资企业所得税为25%，对小微企业按20%征收、高新技术按15%征收，提高小微企业增值税、营业税起征点；将证券交易印花税从3‰下调至1‰，并实施单边征收；提高出口退税率，对部分行业免征出口关税；

---

① 经济周期有不同的划分方法，常见的是从波峰到波峰，或者从波谷到波谷。但是不同学者划分的结果也有很大差别。例如吴敬琏认为1978—1998年有过四次大的宏观经济波动，而张五常将目前为止的中国经济增长划分为7个周期。参见吴敬琏《当代中国经济改革：战略与实施》，上海远东出版社1999年版；张五常《中国的经济制度（神州大地增订版）》，中信出版社2009年版。

② 这一轮经济危机的成因有两个：第一是乡镇企业发展和外商直接投资极大地增强了国内的供给能力，导致影响了新中国近50年的短缺正式退出历史舞台。1998年在内贸部统计的613种主要商品中，供不应求的不到2%，供求平衡的超过60%，供大于求的超过30%。这表明中国已经告别计划经济体制所带来的短缺时代（参见李晓西《宏观经济学（中国版）》，中国人民大学出版社2005年版）。第二是上一个经济周期紧缩政策延续的结果。1993年中央开始治理新一轮的经济过热，这一轮过热伴随着改革开放20年来最严重的通货膨胀（1994年24.1%的通胀率也是新中国的最高通胀率），政府采取了高强度的财政和信贷紧缩措施，"软着陆"在1996年开始实现，1997年取得了零通胀的成绩，但是紧缩性措施的长期影响一直延续到1998年。

下调初次购房个人购房契税税率，对个人购买和销售住房免征印花税；减免车辆购置税、服务业营业税改征增值税和部分农村金融税。①这些减税规模较小，营业税改征增值税的减税规模较大且能落到实处，②但是与理论界所期盼的减税1万亿元或全面减税③相去甚远。总体来看，财政支出扩张依然是本轮反危机措施的主要特征。

中国经济进入新常态以来，伴随着新旧增长动力的转换和L型增长轨迹的逐步确认，经济周期呈现出"钝化"状态，经济波动在7%左右的中高增速上逐步平滑化，与此同时财政收入占GDP的比重呈现高位稳定状态。与21世纪的第一个十年的"高位平滑化"相比，"中位平滑"出现意味着转型升级进行时，新动力的出现和旧动力的消失同时推进。宏观税负的稳定和适度扩大的赤字规模，为新旧动力转换提供了稳定偏松的财政政策环境。

二 宏观经济波动与财政调控的典型事实

从前面的分析中，我们大体可以得到以下宏观经济与财政改革和调控的典型事实。

1. 典型事实一：两个比重稳定是中国宏观经济稳定的基础

在计划经济时期的"收放循环"中，政府收入比重在上收时期稳定在30%，在下放时期则急剧波动，可能上涨到40%（"大跃进"的1960年），也可能下降到20%（"文化大革命"的1968年）。计划经济时期的两轮权力下放导致的中央财政收入比重下降和地方财政收入比重上升，是两轮经济波动的根源（见图1-7）。这表征在"行政性分权"背景下，政府间分配关系稳定和宏观税负稳定，是宏观经济

---

① 参见张学诞《结构性减税政策：回顾与展望》，《地方财政研究》2012年第5期。
② 参见高培勇《多重目标宏观经济政策布局下的中国结构性减税》，《中国市场》2012年第50期。
③ 参见杨志勇《"结构性减税"应转向"全面减税"》，《东方早报》2012年7月4日。

稳定的晴雨表。图1-7近乎完美地表现了这一点。

究其原因，是因为计划经济的本质性要求是用行政命令配置资源。中央高度集权有利于指令通畅、令行禁止，从而高度集权是计划经济的最佳模式。行政性分权只是将企业从中央机关的附属物变成地方机关的附属物，由于分权导致的政出多门和层层加码，造成了计划体制内的资源配置再扭曲，损害了计划作为整体的科学性。相对于高度集权的计划经济而言，行政性分权的计划经济是一种最坏的命令经济。①

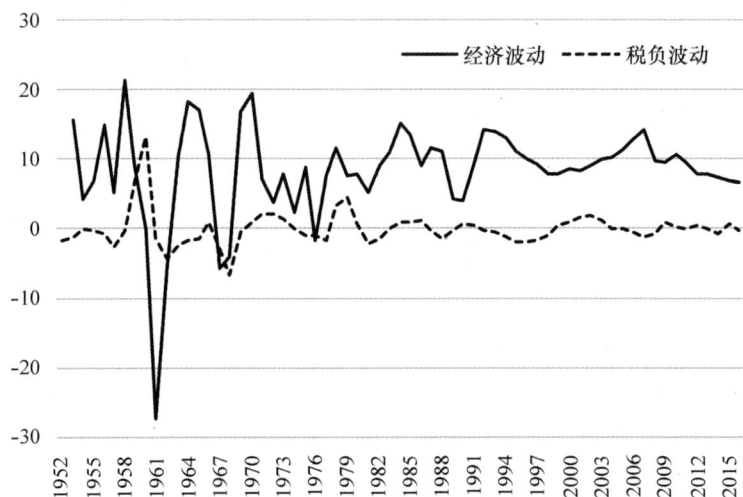

图1-7　宏观经济波动与宏观税负波动（1952—2016年）（%）

注：宏观税负波动是经 HP 滤波调整趋势。

数据来源：同图1-1。

渐进式改革中，行政性分权的继续使原有宏观税负与经济稳定的关系得以延续，1994年分税制改革为政府间分权确立了稳定的市场经济框架，随后以市场为基础的宏观经济波动逐步形成，表现为宏观波动的经济形态发生了明显变化：经济周期的非对称性从计划经济时

---

① 参见吴敬琏《当代中国经济改革教程》，上海远东出版社2010年版。

期的"陡升缓降"转变为市场经济时期的"缓升陡降",标志着财政与宏观波动的关系已经开始实现从"加油"机制向社会保险机制的转变(见图1-5)。

2. 典型事实二:市场化改革过程的首要财政特征是财政收支比重大幅下降

新中国的经济增长跨越了两个不同的体制阶段。从数据来看,计划经济时期的"宏观税负"接近30%,市场经济时期接近15%,计划经济时期的"宏观税负",近市场经济时期的两倍(实际上,1953—1978年财政收入占国民经济比重的均值是28.4%,1979—2011年该均值为17.4%)。市场化改革初期"宏观税负"的下降明显,从1978年的31.1%到1995年的10.3%,中国的"宏观税负"在市场化的前半程下降到了原来的1/3(图1-1、图1-2清楚表明了这个过程)。市场化改革所带来的税基的转变和国家控制能力、国家机构征税能力的转变,是导致"宏观税负"下降的主要因素。

我们之所以将这里的"宏观税负"用引号表示,主要是因为计划时期的财政收入并不是典型的税收,而是整个计划价格体系中某类工商业产品与农产品在投入产出关系体系中的比价或者差价余量。在计划经济体系中,税收和财政收入与国有企业利润紧密相关,国有企业是执行社会再生产以实现快速工业化和赶超目标的载体,在整个生产链条中居于中心位置,其他产业都是作为以国有企业为代表的国家工业资本循环和周转中的某个环节而存在,其本身从属于国有企业生产。[①] 与此同时,整个计划经济时期符合坎贝尔所说的自产国家特性,

---

[①] 马克思对工业资本推动生产力的表述,是国有企业作为社会生产核心的理论表述。在经典马克思两大部类生产体系经济学中,工业资本循环和周转对于社会发展具有决定意义,而重工业作为生产生产资料的部类可以推动生产率和技术进步而成为终极目标,其他农业、商业甚至轻工业资本都是工业资本职能在不同阶段分离后才具有的独立运动形态。农业为工业提供原料和市场、商业资本为实现工业资本价值和剩余价值而存在。整个计划体系受到马克思恩格斯经典著作的影响很大,这也是投入产出分析的重要理论来源。

并不是典型的税收国家。① 尽管其转型的目标可能是税收国家，或者市场经济中的新自产国家。②

改革初期的农村和农业经济增长，乡镇企业的兴起和国有企业竞争环境的改变，是导致国有企业利润下降和原有税基被蚕食的原因，国民基本面的转变是促进中国财政改革的动力源。相对于原有的计划部门来源，市场部门可以享受原有资源扭曲体系的部分好处，却不用承担原有计划体系的负担（企业办社会等）。体制性优势是农村经济和乡镇企业快速兴起并迫使大量承担体制性任务的国有企业破产的原因。

3. 典型事实三：以 1995 年为分界点，市场化转轨中宏观税负的变化趋势分为两个阶段。分税制扭转了宏观税负下降趋势，财政收入的 U 型特征折射的是改革与发展的关系

如果说财政管理体制不能适应市场基础的需要是财政收支比重下降的主要原因，那么经济发展所要求的市场化条件下的政府经济职能强化，则是宏观税负上升的主要原因。

经济发展对于宏观税负的影响，集中表现为马斯格雷夫和布坎南的"财政发展阶段假说"：在经济发展的早期阶段，为了给经济发展提供必需的基础设施，政府支出应该以投资类支出为主；在经济发展

---

① 税收国家的最早划分来自谢德与熊彼特的论战，其核心是国家的财政收入模式直接影响其长期治理绩效。20 世纪财政国家的三大类别是税收国家、租金国家和自产国家。税收国家的财政收入主要来自私人部门缴纳的税收（参见 Joseph Schumpeter, "The Crisis of Tax State", In Richard Swedberg, Joseph Schumpeter (eds.), *The Economics and Sociology of Capitalism*, Princeton: Princeton University Press, 1918; Daniel Tarschys, Tariffs Tribute, "Taxes and Trade: The Changing Sources of Government Revenue", *British Journal of Political Science*, Vol. 35, 1988)，自产国家是实行计划经济的国家，财政收入来自国有企业利润上缴，租金国家则来自国家垄断的自然资源出口（参见马骏《中国财政国家转型：走向税收国家？》，《吉林大学社会科学学报》2011 年第 1 期；马骏、温明月《税收、租金与治理：理论与检验》，《社会学研究》2012 年第 2 期）。

② John Campbell, "An Institutional Analysis of Fiscal Reform in Post-communist Europe", In John Campbell, Ove K. Pedersen (eds.), *Legacies of Change*, New York: Aldine De Gruyter, 1996; John Campbell, "The State and Fiscal Sociology", *Annual Review of Sociology*, Vol. 19, 1993, pp. 163 – 185。

中期，政府主要抑制外部性，弥补市场失灵，政府投资的主要方向是补充（complement）私人投资，此时政府支出占 GDP 的比重明显上升；第三阶段，政府支出的重点是保证社会公平，政府支出的重点是教育、保健和社会福利。

20 世纪是政府职能扩张和宏观税负不断上升的世纪，20 世纪初各国的平均财政收入比重在 10% 左右，以低税率著称的美国仅为 5%。[①] 到 20 世纪末，全球财政收入比重已经达到 25%，美国接近 30%，OECD 总体平均为 35%。图 1-8 是世界银行开放数据库中 1991—2010 年间 137 个国家经购买力评价调整的人均 GDP 与政府支出水平之间的横截面关系，向右上方倾斜的曲线斜率，较好地验证了

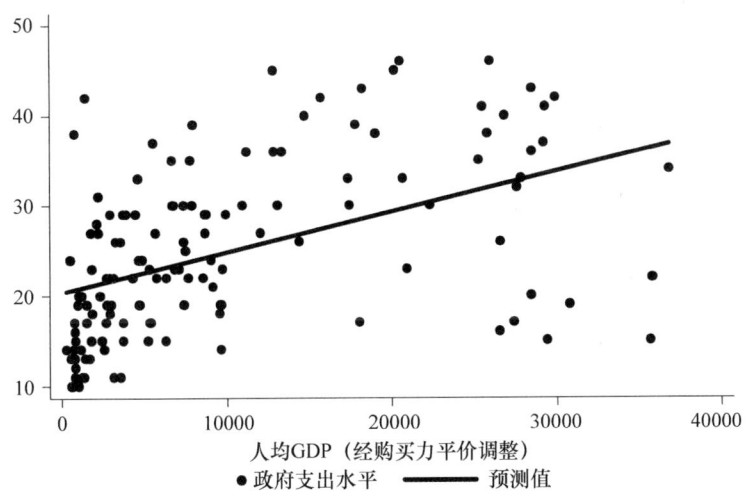

图 1-8　经济发展与政府规模（%）

数据来源：世界银行开放数据库（1991—2010 年均值）。

---

① 参见 Tanzi Vito and Ludger Schuknecht, *Public Spending in the 20th Century—A Global Perspective*, Cambridge University Press, 2000（中译本《20 世纪的公共支出》，胡家勇译，商务印书馆 2005 年版）。

以宏观税负为代表的政府相对规模随经济发展而呈现的系统性扩张。①从这个意义上讲，经济发展的过程就是政府规模扩张和宏观税负上升的过程。

在中国市场化改革的前半程，财政收入占国民经济的比重下降了2/3。但是过低的财政收支比重与现代国家经济发展过程严重不符。改革开放初期的财政收入比重下降，并不是政府主动精简机构、保护产权或者放松管制的结果，而是因为在国有企业利润大幅度下滑的背景下，财政管理体制不能适应新的市场基础。这个时期，两个比重的下降，对应的是政府通过正规渠道筹集资源能力的下降和预算外收入与严重的乱收费问题。政府支出越来越多地依靠商业收入或者使用者付费，政府财力的严重不足对改革的深度和进度都形成了阻碍。②

年均10%的增长率和快速行进的城市化所产生的巨大公共产品与社会保障需求，客观上要求更高的政府收支水平，这就要求建立强大的财政。再加上中国长期社会主义体制所带来的平等偏好和计划经济政府动员资源传统，常态下的政府支出水平应该高于同等发达程度的非转型发展中国家。③综上，我们将1995年以后伴随着分税制出现的宏观税负上涨看作经济发展的客观要求，从而U型宏观税负反映的就是中国改革与经济发展的关系。

4. 典型事实四：市场化条件下的宏观税负上升，客观要求更高比重的公共服务支出。要想保持原有资本支出规模，只能有较高比重的间接税作为支撑

在改革与发展的长期关系中，面向长期发展的改革并不是线性

---

① 为了数据更加集中，在有数据的145个国家中清除了部分过于离散的数据。删除了宏观税负小于10%的四个国家和宏观税负高达62%的赞比亚，删除了人均GDP超过4万国际元的四个国家，科威特、卡塔尔、阿联酋和卢森堡（其中三个是石油国家，不具备经济发展的一般特征）。

② 黄佩华、余江、魏星：《中国能用渐进方式改革公共部门吗?》，《社会学研究》2009年第2期。

③ 付敏杰：《财政功能主义、国民分配偏好与宏观税负：事实与文献》，载张平、刘霞辉主编《中国经济增长报告（2011—2012）》，社会科学文献出版社2013年版。

的，而是与经济发展的阶段和经济增长状况紧密相关。发展所产生的政府高公共支出要求，并不会排斥改革所要求的政府职能清晰化和规范化。发展所要求的高公共支出水平，在以间接税为主的税制结构割裂了财政收支两翼对应关系的背景下，会使政府产生放弃进一步改革的道德风险，从而引发改革的停滞甚至倒退。

5. 典型事实五：中国财政的公共化内生于改革和发展双过程，其本质是依据经济发展需要的从国家强制资本形成机制向社会保险机制的转变，从而使财政从计划经济时期宏观经济不稳定的根源，转变为市场经济条件下宏观经济稳定的工具，其核心是实现政府职能从"生产型政府"向"公共政府"的转变

从改革的角度来看，从计划经济向市场经济转型的过程，又是一个政府规模不断缩小、市场和政府边界越来越明晰的过程。在计划经济时期，从一般意义上的公共部门到私人产品供给的每一个环节，从生产大队到国有企业再到工业品、副食品农产品流通，政府以直接参与初次分配和再分配的形式包办一切，宏观调控基本没有必要，也无所谓财税政策。在政府设定价格的前提下，只要改变商品的差价和比价体系、控制相应的计划指标，就能够实现既定的收入和发展目标。向市场经济转轨过程的实质，是政府要逐步放弃手中的生产性可盈利资源，让利于私人经济发展，实现从以控制生产型资源来获取收入为特征的"生产型政府"向现代市场经济中依靠现代公共收入体系的"公共政府"过渡，从以国有企业利润为核心的"建设财政"和"公有制财政"向以税收为主体的"公共财政"过渡。由于功能的转变，这个转型过程伴随着政府规模相对变小、政府与市场边界明晰化。

在经济发展过程中，不但政府的规模越来越大，政府与市场的边界也越来越模糊。斯密时期所宣传的"守夜人"政府在发达国家已经难觅其踪，随着城市化和人口集中所出现的私人与公共部门之间在地理上的融合，也在产权上带来了政府与市场的新融合和"公共治理"问题，传统市场中政府和市场部门之间"非此即彼"的清晰关

系已经不复存在。在一个宏观税负达到30%的环境中，没有任何一家大企业可以不与政府发生业务往来。

财政作为政府的经济行为，其转变自然也暗含在改革和发展的两个动态转变机制中。在典型事实一中，财政功能的转变被总结为从加油机制向社会保险机制的转变，下文将详细论述。

计划经济时期，财政收支是整个计划体制的中间环节，其主要作用是将全社会创造的表现为国有企业利润的新价值，通过财政系统上收到中央计划部门，再由中央计划部门按照下一步计划的需要，在不同生产部门之间进行支出分配。财政收支比重的核心是处理积累率和消费率之间的关系，确定全社会新价值中多少用于国民消费、多少用于扩大再生产。如果财政收支比重较高、积累率较高，当前可以用于居民消费的资料就少，经济可持续发展能力就差。如果财政收支比重过低、居民消费资料相对充裕，那么资本形成就会较慢，经济发展也会慢。正确处理以财政收支比重表现的积累率和由此对应的消费率，是整个计划制定的核心因素，也是导致计划经济时期国民经济起落的根本原因所在。从整个生产环节来看，财政是计划经济时期国家储蓄与强制资本形成机制的关键。从这个意义上讲，财政确实具有无偿性，并不会因国家获得财政收入而使居民获得公共服务，国家只提供资本形成，依据有机构成的变化而向个人提供计划体制内的就业机会。

需要强调的是，本部分所强调的资本形成机制，并不是公共经济学经典理论中所强调的以提供公共产品为特征的"公共资本"，而是以向市场提供私人产品为特征的"私人资本"，尽管其在产权上属于公共产权。从理论上讲，公共资本可以分为硬件和软件两类。现有的文献注重基础设施形式存在的资本。[①] 由于基础设施存在建设周期和持平投资问题，这使得公共资本投资存在明显的时滞因素，从最优投

---

① 参见刘生龙、胡鞍钢《交通基础设施与经济增长：中国区域差距的视角》，《中国工业经济》2010年第4期。

资的角度来看，不利于改善财政周期特征。

从更加成熟的市场经济发展经验来看，伴随着政府规模的扩张，政府支出的结构也在明显发生变化：用于公共产品的支出比重降低，用于转移支付和债务净支出的比重则不断上升，构筑社会安全网的保障支出将会成为财政支出的主体，相信中国也不例外。在大部分工业化国家中，仅社会保障支出在财政支出的比重就达到一半以上，OECD17国转移支付占GDP的比重从1960年的8%上升到1990年的23%，1990年荷兰转移支付占GDP的比重达到了破天荒的40%，①公费医疗、公费教育、公共养老在福利国家基本实现了全覆盖。当然，这些转移支付需要巨额的财政收入来支撑，这些国家中财政收入占GDP的比重都超过了50%，1993年瑞典和芬兰财政收入占GDP的比重更是达到了创纪录的67.5%和59.1%。②

本书认为，在改革与发展的双重动态过程中，财政公共化的主要特征是从国家强制资本形成机制转变为社会保险机制。但是由于经济增长的周期性和经济发展的阶段性，以促进经济发展为目标的财政改革并不是线性的，而是会出现阶段性的反复，并存在倒退的可能。本轮经济危机后，中国政府所推动的大规模投资计划，在"稳增长"的同时，也带来财政改革的倒退，例如公共财政建设指数2011年出现下降。③需要注意的是，要对经济增速下滑有科学估计，以评估由

---

① Tanzi Vito and Ludger Schuknecht, *Public Spending in the 20th Century—A Global Perspective*, Cambridge University Press, 2000（中译本《20世纪的公共支出》，胡家勇译，商务印书馆2005年版）。

② 更全口径的估计给出了更高比重的转移支付，Hansson 和 Stuart 的研究发现，1972—1992年间22个OECD国家政府支出用于公共产品的比重平均不过12%，用于转移支付的比重平均为84%，从而导致转移支出与政府支出总量的相关度高达0.96。参见 Åsa Hansson and Charles Stuart, "Peaking of Fiscal Sizes of Government", *European Journal of Political Economy*, Vol. 19, Issue 4, No. 2003, pp. 669–684。

③ 中国公共财政建设指数自2009年以后基本不再上升，2011年还出现了下降。2009—2011年的总指数分别为66.54、66.90、66.67。从分项指标来看，2011年下降最明显的是基础环境指数，从71.10下降到69.27，已经是自2009年以来连续第三年下降（参见高培勇、张斌、王宁主编《中国公共财政建设报告2012》（全国版），社会科学文献出版社2012年版）。

稳增长带来的改革倒退的宏观成本。党的十八大提出"充分发挥中央和地方两个积极性",意味着中国不会过快地放弃国家层面的资本形成机制,未来的财政公共化过程也不会一蹴而就。

第二章

市场化转型中的财政政策周期特征转变

财政政策的主要功能是逆周期调控。在传统凯恩斯经济学框架下，在经济衰退时采用扩张性财政政策可以增加就业和产出，提高设备利用率，弥补有效需求不足；经济过热时采用紧缩性财政政策可以压缩过度的总需求，减低通胀风险。遗憾的是，全球范围内的实证研究并没有支持财政政策在实际运行中呈现逆周期的结论，反而发现了普遍存在的发展中国家财政政策顺周期的事实。

一 文献梳理

财政政策周期特征主要是采用时间序列计量经济学方法，来观察财政政策（支出、税收、税率等），是否与特定经济体产出变化的周期特性相合。最早的财政政策周期特征研究集中于拉美国家，后来逐步扩展到OECD国家、石油国家欧佩克、发展中国家和全球经济体。[1]

---

[1] 拉美国家研究参见 Michael Gavin and Roberto Perotti, "Fiscal Policy in Latin America", *NBER Macroeconomics Annual*, Vol. 12, 1997, pp. 11 – 61; OECD国家研究参见 Philip Lane, "The Cyclical Behavior of Fiscal Policy: Evidence from the OECD", *Journal of Public Economics*, Vol. 87, No. 12, 2003, pp. 2661 – 2675; Andrew Abbott and Philip Jones, "Budget Deficits and Social Protection: Cyclical Government Expenditure in the OECD", *Economics Letters*, Vol. 117, 2012, pp. 909 – 911; 石油国家欧佩克研究参见 Nese Erbil, "Is Fiscal Policy Procyclical in Developing Oil-Producing Countries?", *IMF Working Paper*, WP/11/171, 2011; 发展中国家研究参见 Ernesto

这些研究发现了财政政策在发展中国家呈现顺周期（procyclical）和在发达国家呈现非周期（acyclical）的普遍现象，与财政政策的反周期调控功能设计形成鲜明对比。[①]

衡量财政政策周期特征的常见做法是采用财政支出作为财政政策变量，已有成果主要集中于对政府支出、政府购买、政府消费和政府投资等周期特征的研究。例如 Abbott 和 Jones 采用政府支出研究了 OECD 国家反周期政府支出财政政策受到公共借贷能力和政治分化的影响。[②] Lane 则分别研究了 OECD 国家层面上总量政府购买、政府消费、政府投资、政府购买加政府投资、政府支出加政府投资减利息支出、政府支出减利息支出、初级预算盈余占 GDP 比重 7 个变量的财政周期特征，发现中央政府支出是轻度顺周期的，政府消费明显顺周期，政府投资则高度顺周期，政府购买加政府投资非周期（尤其是减去利息支出），初级预算盈余则高度顺周期。[③] Alesina 等则采用中央政府预算盈余和政府支出减去转移性支出分析了 1960—2003 年人口超过 100 万的 83 个国家政府腐败与财政周期特征的交互作用，发现在民主制度下的腐败明显增加了财政政策顺周期特征。他们认为政府腐败的存在，使得民众对于繁荣期政府减税和增加政府购买与转移支付的需求，抑制了政府保留预算盈余的能力，从而丧失了税收平滑化的机会，造成了财政政策的次优境地。[④]

（接上页）Talvi and Carlos Végh, "Tax Base Variability and Procyclicality of Fiscal Policy", *Journal of Development Economics*, Vol. 78, 2005, pp. 156–190; Ethan Ilzetski and Carlos Végh, "Procyclical Fiscal Policy in Developing Countries: Truth or Fiction?", *NBER Working Paper*, No. 14191, 2008; 全球经济体研究参见 Jeffrey Frankel, Carlos Végh and Guillermo Vuletin, "On Graduation from Fiscal Procyclicality", *Journal of Development Economics*, Vol. 100, No. 1, Jan. 2013, pp. 32–47。

① 参见 Alberto Alesina, Filipe Campante, Guido Tabellini, "Why is Fiscal Policy Often Procyclical?", *Journal of The European Economic Association*, Vol. 6, No. 5, 2008, pp. 1006–1036。

② Andrew Abbott and Philip Jones, "Budget Deficits and Social Protection: Cyclical Government Expenditure in the OECD", *Economics Letters*, Vol. 117, 2012, pp. 909–911。

③ Philip Lane, "The Cyclical Behavior of Fiscal Policy: Evidence from the OECD", *Journal of Public Economics*, Vol. 87, No. 12, 2003, pp. 2661–2675。

④ Alberto Alesina, Filipe Campante, Guido Tabellini, "Why is Fiscal Policy Often Procyclical?", *Journal of The European Economic Association*, Vol. 6, No. 5, 2008, pp. 1006–1036。

从税收收入视角①研究财政政策周期特征的文献主要集中于四个被解释变量：通胀税、税收收入、宏观税负和边际税率。公共财政领域中将通货膨胀视为一种单独税收的文献，至少可以追溯到 Phelps②。随后的理论研究主要是在最优税框架下，分析了新古典货币经济中包括通胀税（铸币税）在内的各种税收所造成的社会福利净损失最小化的扭曲边际均等化条件。在最优通胀税理论中，通货膨胀与税率作为两种可替代政府融资渠道被认为存在正相关关系。后续的研究表明，作为一个单独税种的"最优通胀税"只被少数几个国家的实际情况所支持，例如日本和美国。③ Talvi 和 Végh 以通胀税作为各税种的代表，发现发达国家经济上升期往往伴随着高通胀；发展中国家则相反，通胀高峰往往在经济下行期出现。④ Nolivos 和 Vuletin 认为通货膨胀税能否作为一个单独税种的关键在于央行是否具有独立性：如果央行高度独立运作，则不可能允许财政部门以通货膨胀的形式为政府支出融资。⑤ Talvi 和 Végh 采用通货膨胀率作为税收代表，并认为税基的不同是导致发达国家和发展中国家税收政策周期特征差异的主要原因：发展中国家税收收入倚重消费税，而发达国家主要是所得税，相对于所得（尤其是个人所得）而言，消费的过度波动直接导致了发展中国家税收政策的周期特征明显高于发达国家。⑥

---

① 本书不区分税收收入、财政收入和政府收入等不同概念，因为发达国家普遍税收总量与财政收入总量差别不大，国外文献中一般也将财政收入、税收收入和政府收入混用。

② 参见 Edmund S. Phelps, "Inflation in a Theory of Public Finance", *Swedish Journal of Economics*, Vol. 75, No. 1, 1973, pp. 67 – 82。

③ 参见 A. Drazen, "The Optimal Rate of Inflation Revisited", *Journal of Monetary Economics*, Vol. 5, 1979 (April), pp. 231 – 248; James Poterba, "State Responses to Fiscal Crises: The Effects of Budgetary Institutions", *Journal of Political Economy*, Vol. 102, 1994。

④ 参见 Ernesto Talvi and Carlos Végh, "Tax Base Variability and Procyclicality of Fiscal Policy", *Journal of Development Economics*, Vol. 78, 2005, pp. 156 – 190。

⑤ 参见 Roberto Delhy Nolivos and Guillermo Vuletin, "The Role of Central Bank Independence on Optimal Taxation and Seigniorage", 2013.

⑥ 参见 Ernesto Talvi and Carlos Végh, "Tax Base Variability and Procyclicality of Fiscal Policy", *Journal of Development Economics*, Vol. 78, 2005, pp. 156 – 190。

关于税收收入呈现周期特征的最著名理论是 Barro 的税收平滑定理①：通过跨经济周期的税率平滑化，可以将税收对于宏观经济效率的扭曲降到最低。在税率和政府支出平滑的背景下，财政收入和预算赤字会随宏观经济基本面变化呈现周期性特征：经济繁荣时，财政收入增加，赤字减少；经济衰退时，财政收入减少，赤字增加。②

国际资本市场的不完善性很大程度上制约了发展中国家（甚至所有国家）在经济危机时所能实施的赤字财政政策，因为经济危机时政府的信用评级会大幅度下降，以至于大部分发展中国家的政府债券成为垃圾债券，而不得不承受更高的融资成本，或者根本不能再在国际资本市场融资。③ 基于此，Talvi 和 Végh 认为危机时期高融资成本的存在，使得发展中国家所呈现的顺周期财政政策具有最优特征。④

采用财政收入总量来实证研究财政政策周期特征会产生两个问题：首先，财政收入（税收收入）是内生于经济周期的，将其与产出波动的周期分量进行回归所得到的结果不能说明任何问题。其次，所得税、财产税、增值税等不同性质的税收收入可能具有不同的周期特征，而采用总量指标则忽视了各种分量具有的不同角色。采用宏观税负（财政收入占 GDP 的比重）的缺陷也是一样的。Végh 和 Vuletin 采用增值税、公司所得税、个人所得税的边际最高税率和边际平均税率来弥补税宏观税负的缺陷，发现税收政策在发展中国家的顺周期特征明显高于发达国家，并认为这种特征与不确定性下的最优财政政策

---

① 参见 R. J. Barro, "On the Determination of the Public Debt", *Journal of Political Economy*, Vol. 87, 1979, pp. 940 – 971。

② T. F. Cooley, G. D. Hansen, "Money and The Business Cycle", In T. F. Cooley (ed.), *Frontiers of Business Cycle Research*, Princeton University Press, Princeton, 1995, pp. 175 – 216.

③ Graciela Kaminsky, Carmen Reinhart and Carlos Végh, "When It Rains, It Pours: Pro-cyclical Capital Flows and Macroeconomic Policies", *NBER Macroeconomics Annual*, Vol. 19, 2004, pp. 11 – 82.

④ Ernesto Talvi and Carlos Végh, "Tax Base Variability and Procyclicality of Fiscal Policy", *Journal of Development Economics*, Vol. 78, 2005, pp. 156 – 190.

相符。① 从实证分析角度来看,采用税率方法的明显缺陷是,边际税率在同一个周期内往往是基本稳定的,方差太小影响点估计的可信度。在中国的财政调控实践中,这一点尤其重要。

国内方面,方红生和张军②采用全部政府支出和分类政府支出(基建支出、行政管理费和科教文卫支出),分地区分析了中国1994—2004年地方政府的财政政策周期特征,由此发现:无论采用全部支出还是采用分类支出,中国地方政府实行的都是一种在衰退期比繁荣期更加积极的"扩张偏向的财政政策"。在衰退期,基建扩张程度最大,其次是科教文卫,最后是行政管理费,并认为"扩张偏向的财政政策"是中国式分权治理模式和预算软约束相互作用的结果。③

从我们的角度来看,采用地方政府支出数据的明显缺陷是,中国的财政体制与西方财政联邦主义不同,地方政府和地方人大没有税收立法权。在预算平衡的背景下,地方本级财政收入只是全国统一税率在不同税基下的被动结果,财政支出则由财政收入与上级部门巨额转移支付共同决定,并不是内生于地方政府的政策工具行为。在固有的区域利益格局下,针对地方政府的中央转移支付往往是一涨都涨,地方得到转移支付的差别只是中央政府区域发展政策的体现,并不是地方政府主动发展行为的结果。

采用全国层面数据的分析并没有得出一致结论。王志刚④通过估计结构赤字认为1979—2009年中国反周期财政政策年数为22年,用计数法衡量的反周期政策占总量的70.97%(22/31)。特别是1994

---

① Carlos Végh and Guillermo Vuletin, "How is Tax Policy Conducted over the Business Cycle?", *NBER Working Paper*, No. 17753, 2012.

② 方红生、张军:《中国地方政府竞争、预算软约束与扩张偏向的财政行为》,《经济研究》2009年第12期。

③ 方红生做出了早期文献的综述。参见方红生《顺周期性财政政策研究进展》,《经济学动态》2009年第1期。

④ 王志刚:《中国财政政策的反周期性效果:基于1978年以来的经验事实》,《财政研究》2010年第11期。

年分税制改革后,上述比重进一步上升到81.25%,财政政策周期质量有了明显改善。孙天琦等①区分了财政政策中的相机决策与自动稳定器部分,发现财政支出在经济下滑时表现出更高的逆周期性,在经济上升时具有更高的顺周期性,相机抉择效应大于自动稳定器效应,具有显著的非对称性顺周期特征。在 Frankel 等对全球数据的分析中,中国财政政策顺周期与实际产出波动的相关性从 1960—1999 年的 0.18 增加到 2000—2009 年的 0.73。② 财政政策的周期质量大幅度恶化,顺周期特征越来越明显。③

本章写作的目的是从时间序列的角度对中国财政政策诸多变量的周期特征及其动态变化进行考察,以找到上述问题的答案:中国的财政政策周期特征是在恶化吗?本书的学术贡献在于,第一,我们采用多种财政政策变量和多种分析方法分析 1953—2011 年的财政政策周期特征,更长的时间意味着更高的估计精度。结果显示,近 60 年来中国财政政策基本是顺周期的。更重要的是,我们剔除了价格影响,这个问题在时间序列分析中不可忽视。2008 年金融危机以来中国大规模的刺激性财政政策实践,为我们的财政政策周期特征研究提供了新政策实验。这次经济危机程度深,持续时间长,经济基本面变化明显,政策力度大,对于实证研究有异常重要的价值。已有的研究尚未覆盖这个时期。

第二,我们分段计量了改革开放前后、分税制前后中国财政政策的周期特征。结果显示,改革开放前后中国财政政策周期特征发生了巨大转变,表现为财政支出顺周期特征减弱并逐步走向非周期。尤其是分税制改革以后,中国的财政政策调控已经完全告别了顺周期

---

① 孙天琦、杨岚、苗文龙:《中国财政政策是否具有顺周期性》,《当代经济科学》2010 年第 3 期。

② Jeffrey Frankel, Carlos Végh and Guillermo Vuletin, "On Graduation from Fiscal Procyclicality", *Journal of Development Economics*, Vol. 100, No. 1, Jan. 2013, pp. 32–47.

③ 与中国形成鲜明对比的是智利:这两个时期的财政政策周期系数从 0.27 下降到了 -0.64,已经接近工业化国家水平,顺利从财政政策周期使用中"毕业"。

调控。

第三,除了财政支出政策的周期特征以外,我们还分析了以通货膨胀税为代表的税收政策的周期特征,在国内尚属首次。在中国现有的财税体制下,税收立法权集中于全国人大和其授权的国务院及其部委,地方政府没有税收立法权,对税收政策周期特征进行全国层面的衡量较为合适。我们的基本结论是中国的税收政策呈现弱顺周期特征。

第四,我们集中于解释中国的典型事实,就是财政收支从国家强制资本形成机制到社会保险机制的转变,我们尤其注重财政资本支出和社会保障的不同周期性,这使我们在政府支出结构上可以超越常规的政府投资和政府消费,突出固定资本支出、社会保障支出和公共资本支出的不同周期特征及其影响。

本章仅研究政府总体上的财政政策周期特征,对地方政府财政支出的研究放到了第四章。

二 方法论

研究财政政策周期的核心是估计财政对产出的反应函数,典型的财政反应函数如下[①]:

$$G_t = \beta OUTPUT\_GAP_t + \gamma X_t + \varepsilon_t \tag{1}$$

其中 G_t 是某个财政政策指标,$OUTPUT\_GAP_t$ 是经济周期的指标,X_t 是控制向量,ε_t 是不可观察的误差项。系数 β 描述了财政政策的周期特征:如果 $\beta < 0$,财政政策是逆周期(countercyclical)的;如果 $\beta > 0$,则财政政策是顺周期(procyclical)的;如果 $\beta = 0$,则财政政策是非周期(acyclical)的。在最简单的估计中,直接估计产出和财政变量周期部分的相关系数即可。

[①] 参见 Alberto Alesina, Filipe Campante, Guido Tabellini, "Why is Fiscal Policy Often Procyclical?", *Journal of The European Economic Association*, Vol. 6, No. 5, 2008, pp. 1006 – 1036。

(一) 变量内生性问题

从直观上看，式 (1) 是财政函数

$$g_t = f(y_t) \tag{2}$$

的估计结果。式 (1) 将产出外生于财政变量，但是从理论上看，产出与财政支出之间存在内生关系。在标准的凯恩斯经济学模型中，财政支出增加导致总需求扩张，导致产出会对财政支出做出正反馈，这样我们衡量的是财政政策乘数而非周期性。[①] 在标准的新古典框架中，政府支出的增加会导致负的财富效应，导致消费者减少消费和休闲，增加劳动供给。劳动供给的增加，进一步导致资本边际产出增加，导致投资增长和产出增加。[②] 这两种理论都可以得出产出对财政变量做出正反馈的结论，这就意味着

$$y_t = \varphi(g_t) \tag{3}$$

产出变量内生性所产生的同时性问题 (simultaneity problem)，导致简单地采用 OLS 估计上带来估计偏差。从理论上看，可不变量内生性的主要估计方法是变量自回归和工具变量法。例如，Alesina 等[③]采用整个地区的产出波动作为工具变量，Andersen 和 Nielsen、方红生和张军[④]将其看成是一个动态面板数据模型并用系统广义矩方法对其进行估计。本章只采用时间序列数据分析全国层面的财政周期特征，将国际和国内层面的面板数据放在了第三章和第四章。

[①] Ethan Ilzetski and Carlos Végh, "Procyclical Fiscal Policy in Developing Countries: Truth or Fiction?", *NBER Working Paper*, No. 14191, 2008.

[②] 例如, R. J. Barro, "On the Determination of the Public Debt", *Journal of Political Economy*, Vol. 87, 1979, pp. 940 – 971; C. Chamley, "On a Simple Rule for the Optimal Inflation Rate in Second Best Taxation", *Journal of Public Economics*, Vol. 26 (February), 1985, pp. 35 – 50; Marianne Baxter and Robert King, "Fiscal Policy in General Equilibrium", *American Economic Review*, Vol. 83, 1993, pp. 315 – 334。

[③] Alberto Alesina, Filipe Campante, Guido Tabellini, "Why is Fiscal Policy Often Procyclical?", *Journal of the European Economic Association*, Vol. 6, No. 5, 2008, pp. 1006 – 1036.

[④] 方红生、张军:《中国地方政府竞争、预算软约束与扩张偏向的财政行为》,《经济研究》2009 年第 12 期。

将式（2）和式（3）简化为线性可估计形式，有

$$g_t = \beta y_t + \varepsilon_t \tag{4}$$

$$y_t = \gamma g_t + \mu_t \tag{5}$$

其中 ε_t 和 μ_t 为白噪声，均值为零，假定其方差分别为 σ_ε^2 和 σ_μ^2，$|\beta\gamma| < 1$，并满足正交条件 $E(\varepsilon_t \mu_t) = 0$。财政政策与产出之间的正反馈意味着 $\gamma > 0$。

式（4）是财政反应函数式（1）的一般形式。已有的文献大多估计了（4）式的某个形式，但是忽略了产出 y_t 的内生性问题。这种忽视可能会导致对结果解释出现致命缺陷。[①] 如果我们将式（4）和式（5）联立求解，有

$$y_t = \frac{\gamma \varepsilon_t + \mu_t}{1 - \beta\gamma} \tag{6}$$

$$g_t = \frac{\varepsilon_t + \beta\mu_t}{1 - \beta\gamma} \tag{7}$$

则 g_t 与 y_t 的相关系数为

$$\text{Cov}(g_t, y_t) = \frac{1}{(1-\beta\gamma)^2}(\gamma\sigma_\varepsilon^2 + \beta\sigma_\mu^2)$$

为简化分析，假定 $\sigma_\mu^2 = 0$，由于 $\gamma > 0$，则

$$\text{Cov}(g_t, y_t)|_{\sigma_\mu^2=0} > 0$$

这样，即使财政政策是逆周期的，即 $\beta < 0$，我们也可以计算出产出与财政变量之间的正相关关系，从而断定财政政策是顺周期的。

除此之外，可能存在财政变量滞后相关，假定存在如下形式

$$g_t = \beta y_{t-1} + \varepsilon_t \tag{8}$$

$$y_t = \gamma g_t + \alpha y_{t-1} + \mu_t \tag{9}$$

其中 ε_t 和 μ_t 定义同上，将式（8）代入式（9），可得

$$y_t = (\beta\gamma + \alpha)y_{t-1} + \theta_t \tag{10}$$

$\theta_t = \mu_t + \gamma\varepsilon_t$，假定 $|\beta\gamma + \alpha| < 1$，式（10）可以表述为

[①] Philip Lane, "The Cyclical Behavior of Fiscal Policy: Evidence From the OECD", *Journal of Public Economics*, Vol. 87, No. 12, 2003, pp. 2661–2675.

$$y_t = \sum (\beta\gamma + \alpha)^j \theta_{t-j}$$

则有 $E(y_t) = 0$,$\mathrm{Var}(y_t) = \dfrac{\sigma_\theta^2}{1 - (\beta\gamma + \alpha)^2}$

假定政策制定者对于给定的 γ 和 α 最小化产出波动,相当于最大化 $1 - (\beta\gamma + \alpha)^2$,可得

$$\beta^{opt} = -\frac{\alpha}{\gamma}$$

当采用最优值时,产出波动为 σ_θ^2,此时任何非周期和顺周期的政策都不可能是最优的。

由于 $E(\varepsilon_t y_{t-1}) = 0$,$E(\mu_t y_{t-1}) = 0$,$E(\mu_t g_t) = 0$,式 (8) 和式 (9) 可以采用 OLS 估计。

(二) SVAR 框架

若存在理性预期的情况,从而使上述结果复杂化。① 我们可以采用一个 VAR 模型来概括上述情况:

$$AY_t = \sum_{k=1}^{j} C_k Y_{t-k} + Bu_t \tag{11}$$

将其视作式 (4) 和式 (5) 的一般形式,$Y_t = \begin{pmatrix} g_t \\ y_t \end{pmatrix}$,$A$ 用来描述 g 和 y 同期相关关系,C_k 是 2×2 衡量 g 和 y 的 K 阶自相关和交叉相关矩阵。B 是对角矩阵,u_t 是正交的白噪声向量。若 $j = 1$,$A = \begin{pmatrix} 1 & 0 \\ a_{21} & 1 \end{pmatrix}$,$C_1 = \begin{pmatrix} 0 & \beta \\ 0 & \gamma \end{pmatrix}$ 且 $a_{21} = -\gamma$,则式 (11) 等同于式 (8)、式 (9)。按照 Blanchard 和 Perotti 的通用 VAR 识别策略,我们假定 $a_{21} = 0$,这

---

① 例如,Ethan Ilzetski and Carlos Végh, "Procyclical Fiscal Policy in Developing Countries: Truth or Fiction?", *NBER Working Paper*, No. 14191, 2008。

使得我们可以采用 VAR 方法来估计式（8）和式（9）。①

将式（9）代入式（8）并将式（8）提前 1 期，可得

$g_{t+1} = \alpha\beta y_{t-1} + \gamma\beta g_t + \beta\mu_t + \varepsilon_{t+1}$

则财政变量 g_t 对于产出 y_t 的滞后 1 期脉冲响应可以表述为

$$\frac{\partial g_{t+1}}{\partial \mu_t} = \beta \tag{12}$$

也就是说，滞后 1 期脉冲响应函数精确地描述了式（1）中的财政反应函数。

将式（9）代入式（8）并将式（8）提前 2 期，可得

$g_{t+2} = (\alpha\beta + \beta^2\gamma)(\alpha y_{t-1} + \gamma g_t + \mu_t) + \beta\gamma\varepsilon_{t+1} + \beta\mu_{t+1} + \varepsilon_{t+1}$

可得滞后 2 期的脉冲响应

$$\frac{\partial g_{t+2}}{\partial \mu_t} = \alpha\beta + \beta^2\gamma \tag{13}$$

也就是说，自回归函数在下一期中对产出额外冲击的财政政策规则的响应是 $\alpha\beta$；财政政策扩张效应的期财政政策规则 2 阶效应是 $\beta^2\gamma$。

而财政政策对于产出变化的直接响应已经反映在其累计分布函数中，

依据式（12）和式（13）可得

$$\frac{\partial g_{t+1}}{\partial \mu_t} + \frac{\partial g_{t+2}}{\partial \mu_t} = \beta + \alpha\beta + \beta^2\gamma \tag{14}$$

从方法论特征来看，当我们采用 IV/GMM 估计式时，我们衡量的主要是因果特征，而与可预期性无关。IV/GMM 包括了财政政策对于产出变化的全部效应。而 VAR 可以将财政变量对于产出变化的未预期部分分离出来。这使得采用不同的估计方法很有必要，因为其可以

---

① 参见 Olivier Blanchard, Roberto Perotti, "An Empirical Characterization of the Dynamic Effects of Changes in Government Spending and Taxes on Output", *The Quarterly Journal of Economics*, Oxford University Press, Vol. 117, No. 4, 2002, pp. 1329 – 1368。

区分产出的系统性变化对于财政变量的反应。① 当然,对于税收政策的选择也会有类似问题,在此不再展开说明。

三 变量和数据

虽然理论界普遍承认财政政策存在顺周期现象,但是对财政政策周期特征怎么衡量却存在很大争议,这也是造成研究结果出现分歧的主要原因。

第一个分歧是财政政策和产出如何衡量。财政变量 G_t 可以采用增长率(G_t 自然对数的一阶导数),也可以采用 G_t 占 GDP 比重的一阶导数。Kaminsky 等认为采用财政变量占 GDP 的比重会低估财政政策的周期特征,因为其已经被产出变量作为分母处理过。② 产出变量可以采用实际 GDP 增长率,或者经 HP 滤波处理的产出缺口,这两种方式对于 β 值影响很大。③

第二个分歧是财政变量指标选择。普遍采用的是一般政府支出、政府消费和预算盈余。欧美国家政府债务的高涨,导致利息支出会严重影响财政政策周期特征判断,很多文献采用了政府消费数据来弥补上述缺陷。④ Alesina 等认为将政府支出划分为消费和投资部分不可

---

① Bennett T. McCallum, "Analysis of the Monetary Transmission Mechanism: Methodological Issues", *NBER Working Paper*, No. 7395, 1999; Ethan Ilzetski and Carlos Végh, "Procyclical Fiscal Policy in Developing Countries: Truth or Fiction?", *NBER Working Paper*, No. 14191, 2008.

② Graciela Kaminsky, Carmen Reinhart and Carlos Végh, "When It Rains, It Pours: Pro-cyclical Capital Flows and Macroeconomic Policies", *NBER Macroeconomics Annual*, Vol. 19, 2004, pp. 11 – 82.

③ Antonio Fatás and Ilian Mihov, "The Euro and Fiscal Policy", *NBER Working Paper*, No. 14722, 2009.

④ Jaejong Woo, "Why Do More Polarized Countries Run More Procyclical Fiscal Policy?", *The Review of Economics and Statistics*, Vol. 91, No. 4, 2009, pp. 850 – 870; Havard Halland and Michael Bleaney, "Explaining the Procyclicality of Fiscal Policy in Developing Countries", *CREDIT Research Paper*, No. 11/09, 2011.

信，从而使用了预算盈余。①

第三个分歧是在周期特征估计的具体模型上。除了财政和产出变量的滞后期以外，在控制变量选择上，已有的文献集中于分析政治结构、金融市场和收入分配对于财政政策周期特征的影响，常见的控制变量是债务比率（债务/GDP）、贸易条件、初始 GDP、时间趋势等。

在产出数据选择上，现有的关于产出波动 Output_Gap 的指标主要有两个方面：一是采用增长率的标准差；② 二是采用 HP 滤波法消除 GDP 增长率趋势后剩余的波动部分。③ 本章采用了较为普遍的后一指标。为了得到财政政策周期特征的动态趋势，我们采用了两种方法：一是将 1953 年以来的财政政策周期特征，分 1953—1978 年、1979—1993 年和 1994—2016 年三个阶段进行估计；二是以 10 年（前 5 年，后 4 年）为滚动窗对产出缺口和财政反应变量进行动态估计。产出增长率采用国内生产总值 GDP 来衡量，数据来自《中国统计年鉴 2017》和《新中国 60 年统计资料汇编》。④ 对于所有数据而言，凡是有后期更正的，以后期更正为主。⑤

---

① Alberto Alesina, Filipe Campante, Guido Tabellini, "Why is Fiscal Policy Often Procyclical?", *Journal of The European Economic Association*, Vol. 6, No. 5, 2008, pp. 1006 – 1036.

② Philip Lane, "The Cyclical Behavior of Fiscal Policy: Evidence from the OECD", *Journal of Public Economics*, Vol. 87, No. 12, 2003, pp. 2661 – 2675; Ernesto Talvi and Carlos Végh, "Tax Base Variability and Procyclicality of Fiscal Policy", *Journal of Development Economics*, Vol. 78, 2005, pp. 156 – 190.

③ Alberto Alesina, Filipe Campante, Guido Tabellini, "Why is Fiscal Policy Often Procyclical?", *Journal of The European Economic Association*, Vol. 6, No. 5, 2008, pp. 1006 – 1036; Jeffrey Frankel, Carlos Végh and Guillermo Vuletin, "On Graduation from Fiscal Procyclicality", *Journal of Development Economics*, Vol. 100, No. 1, Jan. 2013, pp. 32 – 47.

④ 参见中华人民共和国国家统计局编《中国统计年鉴 2017》，中国统计出版社 2017 年版；国家统计局国民经济综合统计司编《新中国 60 年统计资料汇编》，中国统计出版社 2010 年版。

⑤ 部分年份的数据调整很大，有的接近 1 个百分点。例如《中国统计年鉴 2012》将 2006 年的经济增长率从 11.8% 调整为 12.7%，将 2007 年的增长率从 13.3% 调整为 14.2%。参见中华人民共和国国家统计局编《中国统计年鉴 2012》，中国统计出版社 2012 年版。

在财政变量选择上，按照 Kaminsky 等、Ilzetski 和 Végh、Végh 和 Vuletin 的思路，[①] 我们将研究对象集中于政策工具，而非政策结果。

在税收方面，我们集中于研究"通货膨胀税 IT"。现有长期数据主要集中在居民消费价格指数和零售价格指数及其不同的空间组合。统计年鉴一共提供了三种居民消费价格指数，分别是 1978 年开始编制的全国居民消费价格指数（CPI）、1985 年开始编制的农村居民消费价格指数（RCPI）、1950 年开始编制的城市居民消费价格指数（UCPI）。商品零售价格指数（RPI）也是从 1950 年开始编制的。[②] 最理想的指数当然是全国居民消费价格指数，[③] 但是其时间长度较短。城市居民消费价格指数和零售价格指数都是从 1950 年开始编制的，城市居民消费价格指数只衡量了城市地区居民生活成本的价格效应。国家统计局的住户调查方法，使我们可以将全国居民消费价格指数看作城乡两个部门居民按照固定调查比重该指数加权平均的结果。如果观测中国的城市化进程，不难发现城市部门的人口比重在中华人民共和国成立初期是比较小的，大概为 10%。[④] 采用此时城市人口所承受的价格成本来代表全国水平，可能会存在误差。但是可以预测的是，城市居民生活价格指数和全国居民消费价格指数之间的差值会随着城市化的推进而逐步缩小（见图 2 - 1）。

[①] Graciela Kaminsky, Carmen Reinhart and Carlos Végh, "When It Rains, It Pours: Pro-cyclical Capital Flows and Macroeconomic Policies", *NBER Macroeconomics Annual*, Vol. 19, 2004, pp. 11 - 82; Ethan Ilzetski and Carlos Végh, "Procyclical Fiscal Policy in Developing Countries: Truth or Fiction?", *NBER Working Paper*, No. 14191, 2008; Carlos Végh and Guillermo Vuletin, "How is Tax Policy Conducted over the Business Cycle?", *NBER Working Paper*, No. 17753, 2012。

[②] 方红生和张军并没有汇报他们所采用的价格指数。不剔除价格影响会导致他们的估计结果出现偏差。参见方红生、张军《中国地方政府竞争、预算软约束与扩张偏向的财政行为》，《经济研究》2009 年第 12 期；方红生、张军《中国地方政府扩张偏向的财政行为：观察与解释》，《经济学（季刊）》2009 年第 3 期。

[③] Ernesto Talvi and Carlos Végh, "Tax Base Variability and Procyclicality of Fiscal Policy", *Journal of Development Economics*, Vol. 78, 2005, pp. 156 - 190。

[④] 中华人民共和国成立以来城市人口占全国人口比重的变化，可以参见付敏杰《城市化与中国经济增长》，博士学位论文，中国社会科学院研究生院，2011 年。

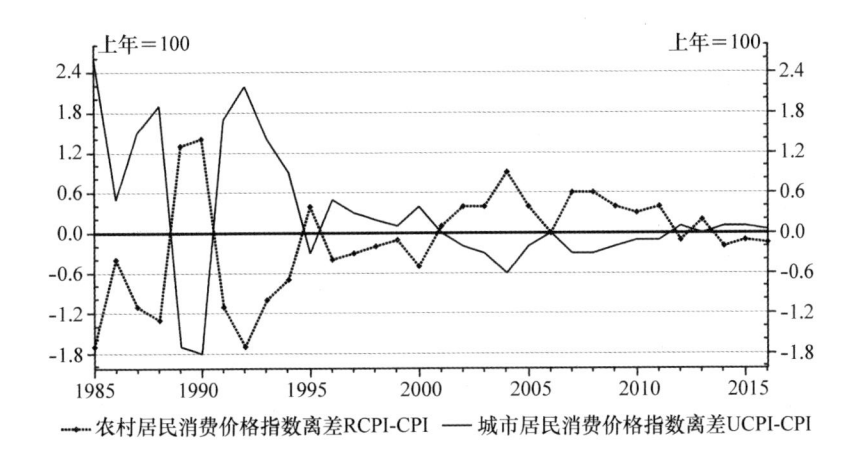

图 2-1　各种价格指数离差（1985—2015 年）（单位：%）

说明：价格指数离差是该价格指数减去全国居民消费价格指数 CPI 的结果，数据来自 wind。

出于数据一致性的需要，我们分别采用了 1950 年以来的城市居民消费价格指数和 1978 年以来的全国居民消费价格指数作为通货膨胀税，同时将其定基指数作为产出和财政支出实际变量平减的价格指数基础。[①] 为了实证研究的方便，我们采用了指数的百分点数据。依据科尔内的警告，[②] 即计划经济严格的价格管制下，通货膨胀表现为配给困难、物价补贴、短缺和排队，使我们对计划经济时期的价格指数能够真实反映通货膨胀并不抱有太大信心。当然，我们也可以假定计划经济时期不存在通货膨胀，财政调控周期主要是通过政府间行政性分权实验来取得，这样的话就没办法估计计划经济时期的税收政策周期特征。[③]

[①] 在范围上更具代表性的是商品零售价格指数，从一开始就是以全国范围为采集对象。但是其缺陷是和居民生活联系不直接，我们很难断定将其用于评价 GDP 或者财政支出会具有什么含义，其余居民消费价格指数之间也没有系统联系。综合种种，我们集中于解释城市居民消费价格指数。

[②] ［匈］亚诺什·科尔内：《短缺经济学》（上、下卷），张晓光、李振宁等译，经济科学出版社 1986 年版。

[③] 按照科尔内的分析，更好的方法可能是采用城镇居民生活补贴占居民消费的比重，来代表计划经济时期的通胀率，但遗憾的是我们并没有找到合适的数据。

在财政支出面上，我们采用了财政支出 GS 及其结构数据政府投资 GI、政府消费 GC。Ilzetski 和 Végh 认为，在政府支出结构中，很多部分并不能体现政策制定者的意图，例如，利息支出和转移支付都具有这类特征，他们认为估计政府消费而不是全部政府购买的周期特征更具代表性，[①] 同时中央政府的财政支出数据更具有行为人特征。从中国实践来看，由于体制和权力结构的因素，政府对于财政支出还是有较大的把握，支出刚性集中于特殊群体：城乡低保户、五保户和退休职工，遗憾的是，这部分支出的长期时间序列数据没有找到。

从理论上看，转移支付支出和公共投资支出应当具有不同的周期特征，前者是市场投资消费的替代品，后者则是市场投资的互补品。从中国的转型实践来看，计划时期政府投资支出主要是国有企业部门的私人产品资本和部分公共部门的公共资本，前者比重远远超过后者，这可以从滞后的城市建设中看出。我们倾向于从长期时间序列中把政府消费与政府投资、政府私人产品投资与公共投资区分出来，但正如我们后文将指出的，如何定义确实是个问题，Alesina 等也认为将政府支出划分为政府投资和政府消费的方法不妥[②]。

按照研究公共投资的标准做法，[③] 本书选择固定资产投资作为财政投资数据。数据来自两个途径：1980 年以前的固定资产投资及其财政部分来自《中国固定资产投资统计年鉴 1950—1995》，采用的统计指标是"国有经济固定资产投资资金来源"中的"总计"和"国家投资"，在计划时期，所有制形式单一，国有部门与全社会固定资产投资的数据相近（见图 2-2），我们也找不到更好的数据；1981—2016 年的数据来自《中国统计年鉴 2017》中的"全社会固定资产投

---

① Ethan Ilzetski and Carlos Végh, "Procyclical Fiscal Policy in Developing Countries: Truth or Fiction?", *NBER Working Paper*, No. 14191, 2008.

② Alberto Alesina, Filipe Campante, Guido Tabellini, "Why is Fiscal Policy Often Procyclical?", *Journal of the European Economic Association*, Vol. 6, No. 5, 2008, pp. 1006-1036.

③ 金戈：《中国基础设施资本存量估算》，《经济研究》2012 年第 4 期；苑德宇：《民间资本参与是否增进了中国城市基础设施绩效》，《统计研究》2013 年第 2 期。

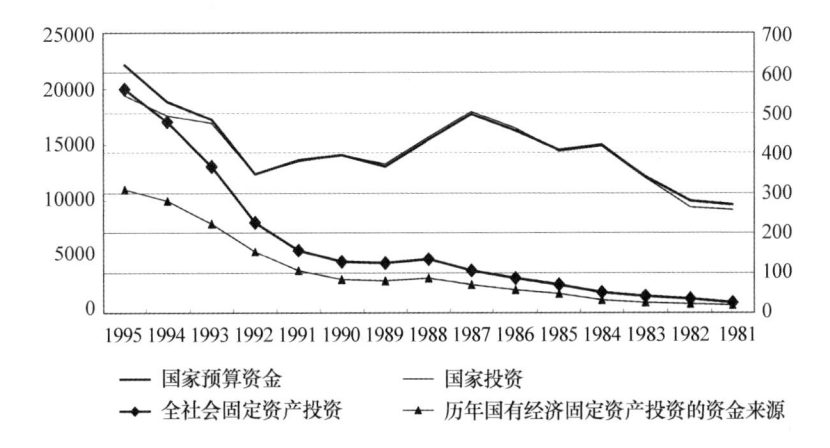

图 2-2 国有部门和全社会两种口径的投资和财政投资（单位：亿元）

说明：坐标轴翻转，越接近计划时期，国有部门和全社会两个指标的离差就越小，尤其是财政投资数据。"历年国有经济固定资产投资的资金来源"和"国家投资（右轴）"来自《中国固定资产投资统计年鉴1950—1995》，"全社会固定资产投资"和"国家预算资金"来自《中国统计年鉴2017》。

资"的"国家预算资金"[①]。我们采用了与产出和财政相同的价格指数来对其进行平减，以得到实际变量。[②] 所有发生数据更新的年份，我们都按照最新的数据来计算。所有数据，除了通货膨胀率以外，均采用实际变量。[③]

[①] 中华人民共和国国家统计局编：《中国统计年鉴2017》，中国统计出版社2017年版。

[②] 没有像金戈一样采用固定资产投资价格指数来对固定资产投资数据进行平减的原因，是因为我们只衡量其支出，并不衡量投入。参见金戈《中国基础设施资本存量估算》，《经济研究》2012年第4期。

[③] 固定资产投资的口径在1997年和2004年进行了两次调整，1997年是将除房地产、农村集体和个人投资外其他固定资产投资的起点从5万元调整到50万元，据此更新了1996年的数据。2004年则是依据经济普查数据而更新。自2011年起，除房地产投资、农村个人投资外，固定资产投资的统计起点由50万元提高至500万元；城镇固定资产投资数据发布口径改为固定资产投资（不含农户），固定资产投资（不含农户）等于原口径的城镇固定资产投资加上农村企事业组织的项目投资。

四 1952年以来中国财政政策周期特征的总体描述

我们首先直接估计了产出缺口与财政支出、产出缺口与通货膨胀率之间的相关关系，并以此来描述1952年以来的中国财政政策周期特征。

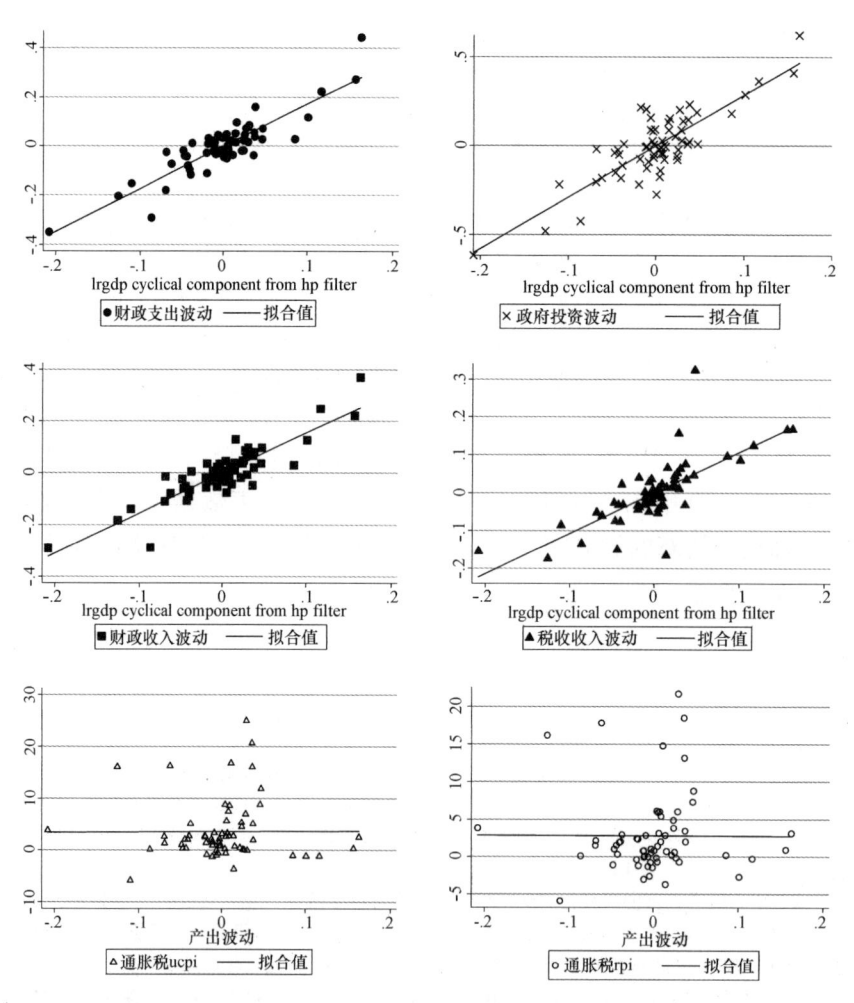

图2-3 财政支出与税收政策的周期特征（1952—2016年）

说明：数据来自作者计算。

利用实际对数 GDP 和实际对数财政支出的时间序列数据来计算产出缺口和政府支出的周期部分，并将平滑系数取值 6.25。① 表 2-1 同时包括了 Pearson 和 Spearman 相关系数估计值。结果显示，1952—2016 年中国的财政支出与产出波动显著的严格正相关（p 值为 0.00），Pearson 相关系数达到 0.8858。这个数值远远高于一般发展中国家，也高于 Frankel 等采用不同口径数据对中国财政政策顺周期特征的估计。② 这使我们对过去 60 年来财政政策的总体调控能力持悲观态度，但更加详细的动态效果有待后文检验。③ 从支出分类来看，以财政固定资产投资为代表的政府投资呈现出与财政支出相同的顺周期特征：1953—2016 年财政固定资产投资支出与产出波动的 Pearson 相关系数为 0.8412。

表 2-1　**财政收支政策的 Pearson 和 Spearman 相关矩阵**

	产出波动	财政支出波动	财政收入波动	税收收入波动	财政固定资产投资波动
产出波动	1.0000 [0.0000]	0.7632 [0.0000]	0.7874 [0.0000]	0.7618 [0.0000]	0.6601 [0.0000]
财政支出波动	0.8857 [0.0000]	1.0000 [0.0000]	0.9249 [0.0000]	0.7723 [0.0000]	0.8116 [0.0000]

---

① 参见 M. Ravn and H. Uhlig, "On Adjusting the Hodrick-Prescott Filter for the Frequency of Observations", *Review of Economics and Statistics*, Vol. 84, 2002, pp. 371–375; Alberto Alesina, Filipe Campante, Guido Tabellini, "Why is Fiscal Policy Often Procyclical?", *Journal of the European Economic Association*, Vol. 6, No. 5, 2008, pp. 1006–1036; 方红生、张军《中国地方政府竞争、预算软约束与扩张偏向的财政行为》，《经济研究》2009 年第 12 期；方红生、张军《中国地方政府扩张偏向的财政行为：观察与解释》，《经济学（季刊）》2009 年第 3 期。

② Jeffrey Frankel, Carlos Végh and Guillermo Vuletin, "On Graduation from Fiscal Procyclicality", *Journal of Development Economics*, Vol. 100, No. 1, Jan. 2013, pp. 32–47.

③ 进一步的分析发现，如果从财政支出中扣除债务支出，对结果没有影响，可能的原因是中国政府的债务规模较小，收入增长又快，从而政府支出不受影响。大规模存在的隐性债务没有公开数据，基于此，后文不再对国债还本付息支出进行单独处理。

续表

	产出波动	财政支出波动	财政收入波动	税收收入波动	财政固定资产投资波动
财政收入波动	0.8845	0.9683	1.0000	0.8574	0.7134
	[0.0000]	[0.0000]	[0.0000]	[0.0000]	[0.0000]
税收收入波动	0.7479	0.7094	0.7679	1.0000	0.6478
	[0.0000]	[0.0000]	[0.0000]	[0.0000]	[0.0000]
财政固定资产投资波动	0.8412	0.9122	0.8743	0.6439	1.0000
	[0.0000]	[0.0000]	[0.0000]	[0.0000]	[0.0000]

说明:"[ ]"内是 P 值,左下三角是 Pearson 相关系数,右上三角是 Spearman 相关系数。

表2-2　价格指数与产出波动的 Pearson 和 Spearman 相关矩阵

	产出波动	城市居民消费价格	零售价格指数	农村居民消费价格	全国居民消费价格
产出波动	1.0000	0.6471	0.6200	0.5907	0.6072
	[0.0000]	[0.0001]	[0.0002]	[0.0004]	[0.0002]
城市居民消费价格	0.4029	1.0000	0.9715	0.9556	0.9836
	[0.0222]	[0.0000]	[0.0000]	[0.0000]	[0.0000]
零售价格指数	0.3227	0.9856	1.0000	0.9753	0.9886
	[0.0717]	[0.0000]	[0.0000]	[0.0000]	[0.0000]
农村居民消费价格	0.2527	0.9672	0.9877	1.0000	0.9844
	[0.1629]	[0.0000]	[0.0000]	[0.0000]	[0.0000]
全国居民消费价格	0.3209	0.9903	0.9944	0.9929	1.0000
	[0.0733]	[0.0000]	[0.0000]	[0.0000]	[0.0000]

说明:"[ ]"内的是 P 值,价格指数是相应的价格百分数减去100后的百分点数据,左下三角是 Pearson 相关系数,右上三角是 Spearman 相关系数。

在税收方面,以城市居民消费价格 UCPI 和零售价格指数 RPI 来衡量的通货膨胀税则显示出略微不同的周期特征,其中 UCPI 与产出波动的 Pearson 相关系数为 0.4029(P 值在 0.05 水平上显著),显示顺周期特征：在经济高涨时，通货膨胀率也较高，经济衰退时通胀率往往较低，甚至出现通货紧缩。[①] RPI 与产出波动的 Pearson 相关系数为 0.3227，顺周期程度并不显著（P 值为 0.0717）。从图 2-3 可以看出，相对于财政支出的高度明显顺周期来说，两种税收政策 UPCI 和 RPI 的周期特征显著性水平要逊色很多。

五　1952 年以来中国财政支出周期特征的计量分析

本部分分别对以财政支出为代表的支出政策和以 UCPI 为代表的税收政策，与产出波动及其滞后项的相关性进行计量分析。从表 2-3 可以看出，当期支出政策的顺周期特征在 0.1% 水平上高度显著，对于产出波动的解释能力也很强（$R^2 = 0.7847$）：产出每增加一个百分点，财政支出占 GDP 的比重就会上升 1.74 个百分点。但是正相关关系在滞后 2 期之后开始转变为负相关关系，其中最显著（0.1% 水平）的就是财政支出对产出波动滞后 3 期的反应，虽然解释能力有所下降（$R^2 = 0.3996$）。这种负反馈意味着产出每高于潜在产出 1 个百分点，滞后 3 期的财政支出占 GDP 的比重就下降 1.24 个百分点。与当期产出联合起来的解释就是，后期的财政政策实在调控前期财政政策的结果，而财政政策自己就是宏观不稳定的重要来源。为了联合检验财政支出与当期产出正相关和滞后 3 期产出负相关程度和显著性，在同时包含当期产出波动与滞后 3 期的回归中，当期产出的正相关关系（1.7230）和显著性水平（0.1%）都基本不受影响，但是滞后 3 期的负相关关系则不再显著。也就是说，当期产出的正相关关系，依然是支出政策周期特征的决定因素。

[①] Carlos Végh and Guillermo Vuletin, "How is Tax Policy Conducted Over the Business Cycle?", *NBER Working Paper*, No. 17753, 2012.

表2-3　财政支出与产出波动的稳健回归结果（1952—2016年）

被解释变量：财政支出波动 LRGSC

	(1)	(2)	(3)	(4)	(5)	(6)	(7)	(8)	(9)
产出波动 LRGPDC	1.738*** [10.38]					1.738*** [10.29]		1.723*** [7.40]	1.723*** [7.51]
产出波动(-1) L1LRGDPC		0.784 [1.83]							
产出波动(-2) L2LRGPDC			-0.645 [-1.64]						
产出波动(-3) L3LRGPDC				-1.239*** [-4.43]			-1.240*** [-4.42]	-0.0352 [-0.20]	-0.0350 [-0.20]
产出波动(-4) L4LRGPDC					-0.669** [-2.74]				
常数	有	有	有	有	有	有	有	有	有
时间趋势	无	无	无	无	无	有	有	有	无
R^2	0.7847	0.1598	0.1081	0.3996	0.1168	0.7847	0.3998	0.7874	0.7874
$Prob > F$	0.0000	0.0716	0.1062	0.0000	0.0082	0.0000	0.0001	0.0000	0.0000
观测值	65	64	63	62	61	65	62	62	62

说明："[ ]"内是标准差，* $p < 0.05$，** $p < 0.01$，*** $p < 0.001$。

我们还发现，由于采用 HP 滤波对产出和财政支出的趋势部分进行了剔除，在分析中，无论是单独采用当期或者滞后 3 期的产出波动数据，还是同时使用二者，增加时间趋势项 T（$T = 2017$ 减去当年年份 yr）既不能改变我们的分析结论，也不能改善模型解释力和显著性水平。这就意味着，在我们的时间序列数据分析中，不存在伪回归问题。

从数据来看，财政用于固定资产投资的部分与支出呈现出完全相同的周期特征，但是解释能力却逊色很多，尽管滞后 3 期显著性略高一些（见表 2-4）。当期变量和滞后 3 期同时代入的结果是模型的解释力几乎没有改变，只有当期的顺周期特征依然高度显著、滞后 3 期不再显著。实际财政投资与当期和滞后 1 期产出波动显著正相关，从滞后 2 期开始呈现明显负相关。同样，添加时间趋势，既不能改善模型解释力，也不能提高显著性水平，方程不存在伪回归。

从经济学上讲，相对于财政支出总体来说，用于投资的部分正反馈机制更强：产出每高于潜在产出 1 个百分点，当期财政用于投资的部分占 GDP 的比重就会上升 2.88 个百分点。滞后 3 期的显著负反馈机制，依然是在纠正前期正反馈所带来的宏观不稳定。联合检验的结果是，当期正反馈机制的影响，远远高过后期纠正的结果。

以城市居民消费价格指数 UCPI 为基础的通货膨胀税收政策周期特征则显示出相似的结果，尽管解释力大为下降（见表 2-5）。UCPI 与产出波动在当期和滞后前 3 期内都是正相关，其中以滞后 1 期和滞后 2 期最为显著，滞后 4 期变为负相关但是不显著。增加趋势项有利于改善模型解释力，但是不能改变变量显著性的水平。同时采用产出波动滞后 1 期和滞后 2 期作为解释变量时，正相关关系没有发生变化，但是产出波动滞后 2 期的显著性水平大幅度下降，滞后 1 期依然显著。通货膨胀与产出波动的正相关关系意味着税收政策的逆周期特征：经济高涨，税率上升；经济衰退，税率下降，宏观调控发挥了一定的自动稳定效果。具体来看，产出每高于潜在产出 1 个百分点，通

表 2-4　财政投资与产出波动的稳健回归结果（1952—2016 年）

被解释变量：财政投资波动 LRFIC

	(1)	(2)	(3)	(4)	(5)	(6)	(7)	(8)	(9)
产出波动 LRGPDC	2.883*** [14.11]					2.883*** [14.00]		2.757*** [9.94]	2.757*** [10.04]
产出波动(-1) L1LRGDPC		0.841 [1.10]							
产出波动(-2) L2LRGDPC			-1.399* [-2.21]						
产出波动(-3) L3LRGDPC				-2.125*** [-4.96]			-2.125*** [-4.91]		
产出波动(-4) L4LRGDPC					-0.924 [-1.88]			-0.197 [-0.78]	-0.198 [-0.79]
常数	有	有	有	有	有	有	有	有	有
时间趋势	无	无	无	无	无	有	有	有	无
R^2	0.7076	0.0603	0.1668	0.3858	0.0736	0.7077	0.3858	0.7119	0.7118
$Prob > F$	0.0000	0.2749	0.0311	0.0000	0.0654	0.0000	0.0000	0.0000	0.0000
观测值	64	64	63	62	61	64	62	62	62

说明："[ ]"内是标准差，* $p < 0.05$，** $p < 0.01$，*** $p < 0.001$。

表2-5 税收政策与产出波动的稳健回归结果（1952—2016年）

被解释变量	产出波动 LRGPDC（通货膨胀率 UCPI）						
产出波动(-1) L1LRGDPC	0.580 [0.05]						
产出波动(-2) L2LRGDPC		35.01** [2.77]					
产出波动(-3) L3LRGDPC			27.73* [2.36]				
产出波动(-4) L4LRGDPC				2.63 [0.18]			
					−20.59 [−1.28]		
						34.91** [2.84]	
							27.53* [2.42]
						28.73* [2.61]	28.52* [2.44]
						14.69 [1.54]	15.00 [1.55]
常数	有	有	有	有	有	有	有	有
时间趋势	无	无	无	无	无	无	有	无
R^2	0.0000	0.1192	0.0749	0.0007	0.0416	0.1505	0.1743	0.1381
$Prob > F$	0.9641	0.0075	0.0214	0.8559	0.2063	0.0012	0.0003	0.0109
观测值	65	64	63	62	61	64	63	63

说明："[ ]"内是标准差，$* \ p < 0.05$，$** \ p < 0.01$，$*** \ p < 0.001$。

货膨胀率在当年就会上升，第 2—3 年上升更多（35.01% 和 27.73%）且变得更加显著（1% 和 5%）。

六　市场化改革与中国财政政策周期特征的动态

市场化改革如何改变财政政策周期特征的动态表现，尤其是财政支出的顺周期特征是在加大还是在消失，是我们对于中国政府宏观调控能力描述的重要内容。我们从以下两方面对其加以衡量。

第一，以十年为单位（向前计算 9 年），滚动计算得出每个年度的动态相关系数。图 2-4 是 1952—2016 年的产出波动与财政支出波动、财政投资波动、城市居民消费价格指数 UCPI 和零售价格指数 UPI 的 10 年窗滚动相关分析的结果。从财政支出来看，与 1952—2016 年整个期间财政支出波动与产出波动 0.88 的相关系数和 1.74 的回归系数相比，计划经济时期财政支出与产出波动以接近 1 的相关系数和 2 左右高度显著（p 值 0.1%）的正相关，明显具有比整个时期均值更强的顺周期特征。

1978 年市场化改革带来了顺周期程度的缓解，包括弹性系数和显著程度的明显下降，这是财政政策调控改善的第一个证据。经过 20 年的市场化发展，回归系数从"文化大革命"十年的 3 下降到 20 世纪最后十年的 0.7 左右［见图 2-4（a）］。21 世纪则是财政支出政策周期特征大为改善的时期，第一个十年财政支出已经逐步走向了逆周期调控（参数显著性水平较差）。从这个意义上讲，过去三十年确实是财政宏观调控能力不断改善的三十年，虽然没有显著实现逆周期调控，但是却完全实现了"非周期"，从而意味着 21 世纪的第一个 15 年，以周期特征衡量的财政政策调控完全"脱胎换骨"。我们注意到了这个阶段，恰恰是中国两次扩大内需的时期，中国政府的财政支出宏观调控政策很好地起到了稳定宏观经济的效果。在新常态阶段，则较好地保持了财政支出"非周期"的水平。

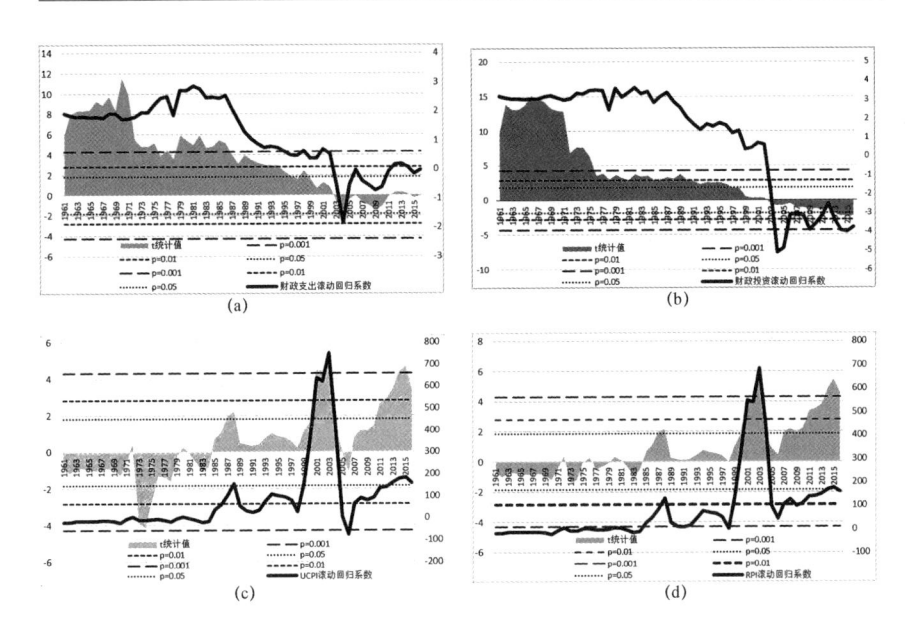

图 2-4 市场化进程中的财政政策周期特征动态滚动回归结果（1952—2016 年）

说明：(1)(a) 财政支出采用右轴，(b) 财政投资采用右轴，(c) 城市居民消费价格 UCPI 采用右轴，(d) 零售价格指数 RPI 采用右轴，其余全部采用左轴；(2) 回归系数是以 10 年为单位（向前 9 年）进行滚动相关分析的结果，动态 t 统计量用面积图表示，对应自由度为 9 的 0.1%、1% 和 5% 的 t 统计边界值分别采用不同的虚线表示。

财政投资的周期特征与财政支出的特征基本相同，只是改革开放之初的转变更为明显［见图 2-4(b)］。在计划经济早期，财政投资波动与产出波动相关系数高达 0.98，甚至高于财政支出 0.95 的正相关度，回归系数则达到了 3 左右，远远高于财政支出的弹性系数。按照前面的分析，这意味着财政投资对于产出缺口有更强的正反馈。从动态上来看，改革开放以来财政投资波动的顺周期性下降速度远远超过了财政支出，作为财政支出的一部分，财政投资波动的顺周期的改善成为财政支出周期性得以改善的重要基础，在新常态阶段越发变得显著起来。数据显示，20 世纪 90 年代的分税制改革导致的政府预算约束硬化、市场基础改善等，是导致财政投资开始转向逆周期的重要原因。

中国财政政策调控改善的第二个证据是税收政策稳定的走向顺周

期,无论是以城市居民消费价格指数 UCPI 来衡量,还是以零售价格指数 RPI 来衡量[见图 2-4(c)(d)]。税收政策在 1952—1978 年的计划经济时期基本是逆周期(虽然并不显著):当经济下滑时,通胀在上升;经济改善时,通胀率却在下降,这符合我们对于发展中国家的基本判断。到 20 世纪最后十年,伴随着激烈的通货膨胀,UCPI 和 RPI 都实现了显著的高度顺周期。21 世纪第一个 15 年虽然没有激烈的通货膨胀,UCPI 和 RPI 都显著地保持着高度顺周期,尤其是在新常态阶段。与支出政策相比,采用任意一种价格指数来衡量中国的税收政策,都可以发现从改革开放开始就较早地实现了顺周期波动,逐步走向与发达国家相同的周期特征。

市场化改革对于财政政策调控能力如此巨大的改善,使我们必须对动态结构有更为深入的定量化分析。

第二,分时间段进行回归估计。表 2-6 的左右两部分以 1980 年为界,分 1952—1980 年和 1981—2016 年两个时间段,分别显示了改革开放前后支出政策和税收政策周期特征所发生的明显变化。基于表 2-3、表 2-4 中时间趋势项影响不显著,本部分回归省略了时间趋势部分。

对于支出政策及其用于投资的部分来讲,市场化改革并没有改变其正相关特征,但是却使得方差变大,正相关拟合优度出现下降,系数在变小。以 1980 年为界,以理论界最常见的财政支出来分析各种财政政策的周期特征,回归的思路与 1952—2016 年相同。篇幅所限,只列出系数显著的结果。首先,我们看到不论在改革开放之前还是在改革开放之后,财政支出对当期产出的反应都非常显著,但是改革开放明显降低了财政支出对于当期产出波动的反应强度。财政支出对于产出缺口的正反馈从 1952—1980 年的 1.860 显著下降到 1981—2016 年的 0.866,也就是说,产出每高于潜在产出 1 个百分点,财政支出占 GDP 比重的正反馈幅度从 1.860 个百分点下降到 0.866 个百分点。这个结论在滞后 1—4 期的反应函数中依然成立,尽管最显著的是滞后 3—4 期产出波动。更明显的是,滞后 2—4 期的负反馈机制已经建

表2-6 财政支出政策与产出波动的分段稳健回归结果（以1980年为界）

被解释变量：财政支出波动 LRCSC

时间段	1952—1980				1981—2016			
产出波动 LRGPDC	1.860*** [10.37]		2.090*** [7.95]				0.866*** [3.66]	0.504* [2.15]
产出波动（-1）L1LRGPDC								
产出波动（-2）L2LRGPDC		-1.273*** [-3.84]				-0.708** [-2.84]		-0.318 [-1.14]
产出波动（-3）L3LRGPDC			0.196 [1.20]	-0.703* [-2.48]		-1.006*** [-4.96]		-0.582* [-2.19]
产出波动（-4）L4LRGPDC			0.134 [1.21]					
常数	有	有	有	有	有	有	有	有
R^2	0.8617	0.4013	0.8772	0.1218	0.1978	0.4025	0.2823	0.4861
$Prob > F$	0.0000	0.0008	0.0000	0.0210	0.0076	0.0000	0.0008	0.0003
观测值	29	26	25	25	36	36	36	36

说明："[ ]"内是标准差，$* \ p < 0.05$，$** \ p < 0.01$，$*** \ p < 0.001$。

表2-7　财政支出政策与产出波动的稳健回归结果（以1994年为界）

被解释变量	被解释变量：财政支出波动 LRGSC					
时间段	1980—1994			1995—2016		
产出波动 LRGPDC	0.998** [3.69]					
产出波动(-1) L1LRGPDC		-0.720* [-2.34]				
产出波动(-2) L2LRGPDC			0.675* [2.31]	-0.285 [-0.55]		
产出波动(-3) L3LRGPDC		-1.010** [-4.07]	-0.395 [-1.28]		-0.390 [-0.87]	
			-0.415 [-1.32]		-0.577 [-1.33]	-0.956* [-2.65]
常数	有	有	有	有	有	有
R^2	0.4574	0.2325	0.4793	0.6340	0.5898	0.0273	0.0784	0.2148
$Prob > F$	0.0027	0.0356	0.0013	0.0148	0.0115	0.3932	0.1974	0.0155
观测值	15	15	15	15	22	22	22	22

说明："[ ]"内是标准差。* $p < 0.05$，** $p < 0.01$，*** $p < 0.001$。

立，财政纠错的能力明显上升。对于税收政策来讲，市场化改革完全改变了其与产出波动的相关特征。其次，是改革开放降低了各期产出波动对于财政支出的解释力，例如，财政支出政策对当期产出反应函数中，1980年以后的拟合优度（0.2823）比之前（0.8617）下降了2/3。篇幅所限，我们没有汇报税收的分段结果。

为了分析分税制的影响，我们单独以1994年为界分析了财政支出政策的周期特征（见表2-7）。结果发现，分税制在降低财政支出政策对于产出反应的同时，也使中国彻底告别了财政政策顺周期，进入非周期时代。改革开放前半期（1980—1994）的财政政策依然具有明显的计划特色：产出每高于潜在产出1个百分点，财政支出占GDP比重会显著（1%）上升0.998个百分点；1994年以后的财政支出政策显示出一定的逆周期调控特征，但是在统计上并不显著。这表明财政支出在分税制改革后总体进入了非周期阶段。

七　VAR 分析

在前文的线性分析中，除了变量内生性以外，无论采用财政支出还是税收政策，都会在其当期或者滞后期中显著地出现符号反转，我们以VAR分析来弥补上述分析的不足，其理论基础已经在第二部分的方法论中进行了论述，我们依据Blanchard和Perotti施加长期约束，[1]以限制财政支出的周期部分只具有周期效应而没有长期增长效应［stata 中 matrix C = (. , . \ 0 , .)，即 $r^2c^1=0$］。信息准则支持VAR（4）。

（一）1952—2016年的财政政策周期特征

对模型（11）的估计结果是：

---

[1] Olivier Blanchard, Roberto Perotti, "An Empirical Characterization of the Dynamic Effects of Changes in Government Spending and Taxes on Output", *The Quarterly Journal of Economics*, Oxford University Press, Vol. 117, No. 4, 2002, pp. 1329–1368.

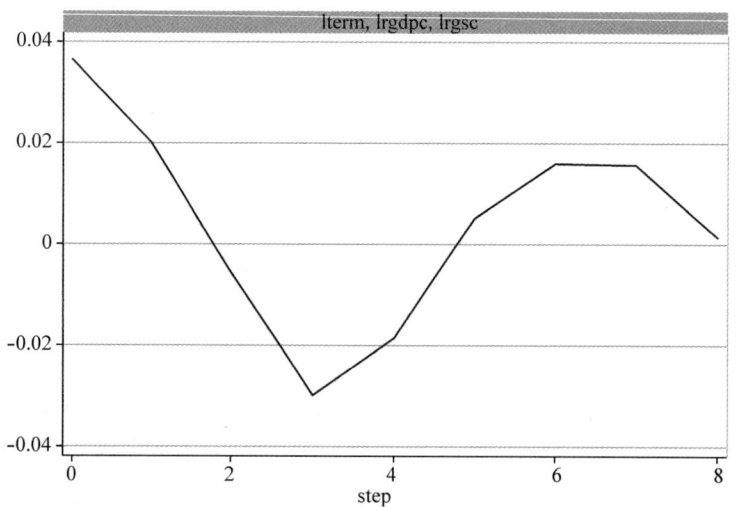

图 2-5　财政支出政策的双变量 SVAR 脉冲响应（1952—2016 年）

说明：根据 Blanchard 和 Perotti（2002）施加约束条件，财政波动对长期产出没有影响。

财政支出波动 = 0.0267*** 财政支出波动（-1）+ 0.0261 产出波动（-1）
　　　　　　　　（0.000）　　　　　　　　　　　（0.000）

产出波动 = 0.0207 财政支出波动（-1）
　　　　　（0.000）

从 1952—2016 年整个时期来看（见图 2-5），财政支出政策依然是对上期财政支出波动的正反馈，但是相对于前期的相关分析来说，正反馈的程度已经从 1.73 下降到 0.026。也就是说，在控制变量内生性以后，产出每高于潜在产出 1 个百分点，财政支出占 GDP 的比重会上升 0.026 个百分点。出现改善是从第 3 期开始，明显的负反馈形成。从这个意义上讲，本期的财政调控核心是前期财政调控所形成的问题，其对于产出缺口的响应是正向的，属于顺周期。

(二) 以1980年分界的财政政策周期特征变化

我们采用分阶段估计来衡量改革开放前后财政支出政策周期特征的变化。施加长期约束同上，得到的估计方程是（括号内的为显著性水平）

（1）1952—1980年：

财政支出波动 = 0.0277 财政支出波动（−1） + 0.0349 产出波动（−1）
　　　　　　　　（0.000）　　　　　　　　　　（0.000）

产出波动 = 0.0188 财政支出波动（−1）
　　　　　（0.000）

（2）1981—2016年：

财政支出波动 = 0.0200 财政支出波动（−1） + 0.000133 产出波动（−1）
　　　　　　　　（0.000）　　　　　　　　　　（0.968）

产出波动 = 0.0125 财政支出波动（−1）
　　　　　（0.000）

可以看到（见图2−6），在控制变量内生性以后，改革开放前后的财政政策都保持着对于产出缺口的正响应。相对于计划经济时期（1952—1980年，左图），改革开放以后（1981—2016年，右图）财

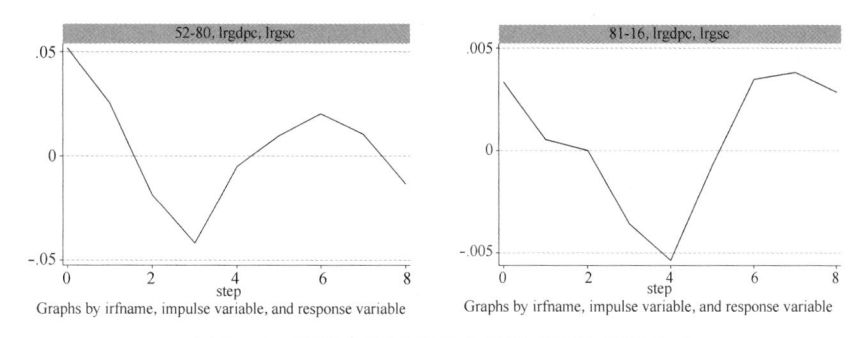

图2−6　财政支出政策的分阶段SVAR脉冲响应
（1952—1980年、1981—2016年）

说明：施加长期约束同图2−5，1952—1980年的为左图，1981—2016年的为右图。

政政策对于产出缺口的正反应弹性系数明显下降，系数也变得不再显著：在改革开放以前，产出每高于潜在产出 1 个百分点，财政支出占 GDP 的比重就累计上升 0.0349 个百分点，改革开放后下降到了 0.000133 个百分点，结果也从 0.1% 的显著性水平下降到了不显著。这表明改革开放后财政政策的顺周期特征明显减弱，虽然总体上还没有实现逆周期调控，符合我们前文的判断。

八 结论与思考

本部分采用财政支出政策和税收政策系统研究了我国 1952—2016 年的财政政策周期特征。我们的研究发现，在过去 65 年中，中国的财政支出政策基本是顺周期的。1980 年分界的计量分析表明，不论采用 OLS 还是 SVAR，市场化改革的重要作用，是导致中国的财政政策从严格顺周期逐步走向非周期，财政宏观调控的质量得到了明显改善，但是与 OECD 所代表的发达国家完全逆周期调控还有很长距离。对中国财政政策周期特征的准确定位，有赖于更严格的国际数据分析。

第三章

中国财政政策周期特征的国际视野

随着分税制以来财政收入的快速增长,中国财政政策周期性调控的力度也不断加大。在2008年这一轮的金融—经济危机中,中国政府采用的四万亿投资计划令世界瞩目。① 依据国际货币基金组织的财政监测数据,中国本轮宏观调控的力度(刺激计划占GDP比重)超过了第一大经济体美国,位居世界第三。如此严重的世界经济危机和如此巨大的财政刺激计划,使我们不得不在更为广阔的背景下思考财政政策周期问题。

在一篇关于财政政策周期的分析论文中,哈佛大学的法兰克尔等人对全球经济体1960年以来的财政政策周期特征进行了比较分析(见图3-1)。他们发现从1960—1999年到2000—2009年,图中的73个发展中国家有24个摆脱了顺周期财政政策的困扰,约占发展中国家总数的1/3。② 更值得注意的是,图中所标示的中国:从1960—1999年接近告别顺周期财政政策,满怀希望进入发达国家的逆周期调控的国家(相关系数为0.18),到2000—2009年迅速转变为深度

---

① Alan Auerbach, "William Gale and Benjamin Harris, Activist Fiscal Policy", *Journal of Economic Perspectives*, 2010, Fall, pp. 141–164.

② Jeffrey Frankel, Carlos Végh and Guillermo Vuletin, "On Graduation from Fiscal Procyclicality", *Journal of Development Economics*, Vol. 100, No. 1, Jan. 2013, pp. 32–47.

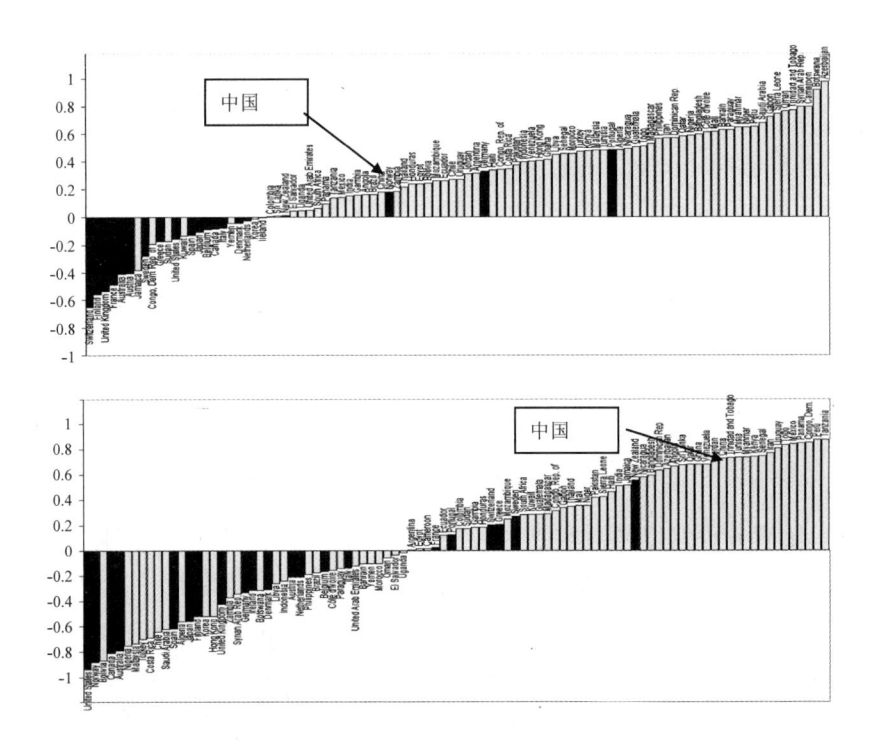

图 3-1　全球经济体财政政策周期特征（1960—1999 年与 2000—2009 年）

说明：GDP 与政府支出周期部分的相关系数，上图为 1960—1999 年，下图为 2000—2009 年，黑色的代表发达国家，灰色的代表发展中国家。图中标注的是中国的位置，上图中国右侧的黑柱是挪威，下图中国右侧的长名字国家是特多。数据来自 Jeffrey Frankel, Carlos Végh and Guillermo Vuletin, "On Graduation from Fiscal Procyclicality", *Journal of Development Economics*, Vol. 100, No. 1, Jan. 2013。

的顺周期国家（相关系数为 0.73）。而在上图中位于中国右侧，在 1960—1999 年处在深度财政政策顺周期困扰中的国家，例如博茨瓦纳、智利、哥斯达黎加和德国等，则顺利地实现了财政政策宏观调控"毕业"。中国怎么了？

本章在国际背景下了解中国财政政策的顺周期特征及其变化方向，尤其是注重中国财政政策周期特征的发展经济学背景，并对财政政策的总体运行情况进行评估。

一 发展中国家财政政策周期:理论和文献

在财政政策周期特征的研究中,发达国家和发展中国家展现了不同的图景。对于发达国家而言,财政政策总体上是逆周期的:在繁荣期财政支出收缩,在萧条期财政支出扩张,财政需求调控起到了稳定宏观经济的效果。但是对于发展中国家而言,相反的情况则普遍存在,财政政策是顺周期的。

发展中国家财政政策的顺周期特征正在被越来越多的研究者所重视。Gavin 和 Perotti 最早发现与以 OECD 国家为代表的发达国家财政政策逆周期或者非周期相比,拉美地区的发展中国家财政政策呈现出明显顺周期特征。[1] 随后这个结论被更多的文献,以更丰富的方法和更新、更长的数据所证实。[2] Erbil 发现,在控制反向因果之后,28 个产油发展中国家 1990—2008 年的财政政策总体上是顺周期的,无论采用政府支出、政府消费、政府投资、非石油收入还是非石油初级平衡。[3] 从分组数据来看,财政支出在中低收入水平国家是顺周期的,但在高收入国家则呈现出逆周期特征。Frankel 等对不同发展水平国家的财政政策周期特征进行了系统描述,当发达国家基本实现财政政策逆周期调节,或者至少是非周期调节的时候,发展中国家的财政支出基本还处在顺周期的状态。这种在经济发展过程中出现的财政政策周期特征的系统转变,即所谓的"顺周期毕业说"(On Graduation From Fiscal Procyclicality)[4]。1960—2009 年,90% 以上的发展中国家财政支出都是顺周期的,而财政支出逆周期的发达国家也超过了

---

[1] Michael Gavin and Roberto Perotti, "Fiscal Policy in Latin America", *NBER Macroeconomics Annual*, Vol. 12, 1997, pp. 11 – 61.

[2] 见第二章第三部分关于财政政策周期特征衡量方法的分歧。

[3] Nese Erbil, "Is Fiscal Policy Procyclical in Developing Oil-Producing Countries?", *IMF Working Paper*, WP/11/171, 2011.

[4] Jeffrey Frankel, Carlos Végh and Guillermo Vuletin, "On Graduation from Fiscal Procyclicality", *Journal of Development Economics*, Vol. 100, No. 1, Jan. 2013, pp. 32 – 47.

80%。分阶段观察其动态,1960—1999 年到 2000—2009 年,由 21 个发达国家和 73 个发展中国家构成的样本中,执行逆周期财政政策的国家从 23 个增加到 41 个,其中发展中国家的数目从 6 个增加到 26 个,中国和印度不在其中。

文献对发展中国家顺周期财政政策的解释主要集中于政治经济制度、金融市场约束和收入分配三个方面。

财政政策周期特征研究的政治经济学强调国家权力结构和制度差别。Tornell 和 Lane 等提出,分利集团对于公共资源的竞争,会导致产出增加时更高的分配比重。[1] 民主制度下,由于政府在经济繁荣期很难抗拒不增加支出的压力,结果就会导致繁荣期和萧条期出现一样的债务问题,从而失去在繁荣期保持预算盈余的机会。Talvi 和 Végh[2] 利用升级版的"贪婪效应",即政府收入的较大波动会带来更多的政治扭曲而导致财政政策顺周期。该模型的一个重要推导是产出波动,在带来更大税基波动的同时,导致更大的顺周期特征出现。Alesina 等[3]将由选民对政府收入不可观测所导致的腐败暗含于选举过程,由于预期不可能出现预算盈余,选民在可观察的繁荣期要求增加支出,以保持自己应得的"那一份"。他们发现,财政政策顺周期特征更容易出现在腐败的民主制度环境中。Thornton[4] 对 1960—2004 年 37 个非洲国家的研究中,发现与 Alesina 等的结论相反,不腐败的非洲国家财政政策反而具有更多的顺周期特征。Halland 和 Bleaney 对发展中

---

[1] 参见 Aaron Tornell and Philip Lane, "The Voracity Effect", *American Economic Review*, Vol. 89, No. 1, 1999, pp. 22 – 46; Philip Lane, "The Cyclical Behavior of Fiscal Policy: Evidence from the OECD", *Journal of Public Economics*, Vol. 87, No. 12, 2003, pp. 2661 – 2675。

[2] 参见 Ernesto Talvi and Carlos Végh, "Tax Base Variability and Procyclicality of Fiscal Policy", *Journal of Development Economics*, Vol. 78, 2005, pp. 156 – 190。

[3] Alberto Alesina, Filipe Campante, Guido Tabellini, "Why is Fiscal Policy Often Procyclical?", *Journal of the European Economic Association*, Vol. 6, No. 5, 2008, pp. 1006 – 1036。

[4] John Thornton, "Explaining Procyclical Fiscal Policy in African Countries", *Journal of African Economies*, Vol. 17, No. 3, 2008, pp. 451 – 464。

国家的分析发现，腐败与民主都很重要，但是其交互项并不重要①。

从实证分析角度看，财政政策周期特征的政治经济学的研究都强调制度质量。Frankel 等②采用国际国别风险指数（International Country Risk Guide）作为代理变量，发现执行逆周期财政政策的国家普遍制度质量高（0.82），顺周期财政政策国家制度质量最低（0.48），实现财政政策顺周期到逆周期的转变的国家制度质量都得到了明显改善（0.47—0.55）。他们进一步采用工具变量法控制内生性，得出制度质量是决定财政政策周期特征的因素。Duncan 和 Calderón 等发现财政政策顺周期大多发生在弱制度（weak institutions）的国家。③ 但 Abdih 等的研究显示，④ 尽管中东和中亚 28 个国家 40 年总体上是在加大经济周期波动，但在 2009 年轮的经济危机中，已经有一半的国家实现了财政政策逆周期调节。财政政策空间受到债务、国际资本市场进入和自然资源财富的影响，石油输出国比进口国拥有更多的财富，从而拥有更大的逆周期财政政策调控空间。

金融市场约束理论认为发展中国家执行顺周期财政政策，是因为其在经济危机时很难从国际信贷市场筹款。Kaminsky 等用"祸不单行"来形容发展中国家财政政策遭遇金融约束的困境：当发展中国家遭遇经济危机时，一般都会伴随财政收支和国际收支恶化，国际信贷评级的下降导致它们很难在国际市场为其财政支出筹到款，从而不得

---

① Havard Halland and Michael Bleaney, "Explaining the Procyclicality of Fiscal Policy in Developing Countries", *CREDIT Research Paper*, No. 11/09, 2011.

② Jeffrey Frankel, Carlos Végh and Guillermo Vuletin, "On Graduation from Fiscal Procyclicality", *Journal of Development Economics*, Vol. 100, No. 1, Jan. 2013, pp. 32 – 47.

③ Slimane 等对中东和北非（Middle Eastern and Northern Africa, MENA）10 个国家 1980—2007 年的计量分析也表明，制度弱化是导致逆周期财政政策调控基本不可能实现的主要原因。参见 R. Duncan, "Institutional Quality, the Cyclicality of Monetary Policy and Macroeconomic Volatility", *Manuscript*, Ohio University, 2012; César Calderón, R. Duncan and K. Schmidt-Hebbel, "Do Good Institutions Promote Countercyclical Macroeconomic Policies?", *Oxford Bulletin of Economics & Statistics*, Vol. 78, No. 5, 2016, pp. 650 – 670。

④ Yasser Abdih, Pablo Lopez-Murphy, Agustin Roitman and Ratna Sahay, "The Cyclicality of Fiscal Policy in the Middle East and Central Asia: Is the Current Crisis Different?", *IMF Working Paper*, WP/10/68.

不执行紧缩政策,最终导致财政政策顺周期出现。Calderón 和 Schmidt-Hebbel 发现以国外资产占 GDP 的比重衡量金融市场开放对于逆周期财政调控具有重要作用。①

收入分配也被认为是影响财政政策周期特征的重要因素。Woo 发现以 Gini 系数来衡量的社会群体偏好的多样性,② 是导致财政政策逆周期调控的主要原因。但是这个结论并没有被大范围的实证分析所支持。例如 Halland 和 Bleaney 对发展中国家的分析发现,对于发展中国家来讲,收入分配只在 10% 的水平上显著,因而重要性要远远小于制度因素。③

从我们的角度来看,以上三种解释似乎意味着,Frankel 等得出的中国财政政策周期特征的恶化结论,④ 可以导致如下推论成立:(1)中国的制度质量恶化;(2)中国的国际借贷环境恶化;(3)中国的收入分配恶化。我们集中分析上述基本面的变化情况。

我们的思路如下:按照第二章的分析,过去 65 年中国财政政策的动态周期特征已经由明显的顺周期走向非周期(在最近 10 年表现得尤其明显),我们并不同意 Frankel 等⑤得出的中国财政政策周期特征恶化的结论。这种误判可能来自数据,也可能来自方法。但是这种跨国的长期面板数据分析可靠性很高,再加上他们对变量内生性的处理,所以我们基本认可他们的理论分析。我们对于中国财政政策国际

---

① Caballero、Khrisnamurthy 和 Riascos、Végh 发现以私人部门借贷水平和资产种类有限表征的国际金融市场约束、阻止了逆周期调控的实施。参见 Graciela Kaminsky, Carmen Reinhart and Carlos Végh, "When It Rains, It Pours: Pro-cyclical Capital flows and Macroeconomic Policies", *NBER Macroeconomics Annual*, Vol. 19, 2004, pp. 11 – 82; César Calderón, R. Duncan and K. Schmidt-Hebbel, "Do Good Institutions Promote Countercyclical Macroeconomic Policies?", *Oxford Bulletin of Economics & Statistics*, Vol. 78, No. 5, 2016, pp. 650 – 670。

② Jaejong Woo, "Why Do More Polarized Countries Run More Procyclical Fiscal Policy?", *The Review of Economics and Statistics*, Vol. 91, No. 4, 2009, pp. 850 – 870.

③ Havard Halland and Michael Bleaney, "Explaining the Procyclicality of Fiscal Policy in Developing Countries", *CREDIT Research Paper*, No. 11/09, 2011.

④ Jeffrey Frankel, Carlos Végh and Guillermo Vuletin, "On Graduation from Fiscal Procyclicality", *Journal of Development Economics*, Vol. 100, No. 1, Jan. 2013, pp. 32 – 47.

⑤ Ibid..

特征的判断，以跨国研究中的基本环境质量指标开始。即使后文进行大规模的跨国分析，我们要使用公认的数据，采用公认的方法和思路，从而在很大程度上是在重复前人的工作，这些都需要我们对已有的数据结构有深入了解。这样我们对中国财政政策国际周期特征的分析，就从基本环境中的中国数据部分开始。

与已有研究相比，本书在以下方面丰富了已有的研究成果：我们研究的出发点是中国财政政策周期特征在国际范围内的定位，集中于研究中国问题，这在已有中国财政政策的研究成果中尚属首次。我们的研究结果显示，这一点对于我们评判中国的宏观调控至关重要。因为制度本身是内生于经济发展过程的，所以发达国家良好的预算制度和权力制衡机制，对于缓解财政政策顺周期现象具有决定意义，而对于发展中国家来说，制度的不完善性本身就是不发达的标志，我们不可能脱离发展阶段来评判中国的宏观调控能力。

二 国际环境中的中国基本面数据

按照文献分析，我们在本部分关注三类数据，分别是制度质量、金融市场和收入分配。我们从分析现有实证研究所采用的基本指数入手。

最常见的制度质量指数是政治风险服务公司（Political Risk Services Group）的国际国别风险指数（International Country Risk Guide，ICRG）、Kaufmann 等（2010）的腐败控制指数（Control of Corruption Index，CCI）和透明国际的腐败感受指数（Corruption Perceptions Index，CPI）。

ICRG 指数是 12 个分项制度指数的汇总结果，包括（A）政府稳定（最高 12 分）；（B）社会经济条件（12 分）；（C）投资指数（12 分）；（D）国内冲突（12 分）；（E）国际冲突（12 分）；（F）腐败（6 分）；（G）军政关系（6 分）；（H）宗教和谐（6 分）；（I）律法（6 分）；（J）民族和谐（6 分）；（K）民主责任（6 分）；（L）官僚质量。ICRG 指数从 1984 年开始编制，总指数和分指数得分越高表示制度质量越高，总指数最高得分 100 分。Frankel 等（FVV 指数）用其中 4 项（投资指数、腐败、律法和官僚质量）的平均值并将其标准化为 [0, 1] 区间等来代表制度质量，Duncan 和 Calderón 等则使用了整个 ICRG 指数。[①]

图 3 – 2 是中国 ICRG1984—2010 年总指数、FVV 指数和分项指数的得分情况。从中我们可以看到，中国的 ICRG 得分比较稳定，并且有缓慢上升的迹象。数据显示 1984—1990 年、1991—2000 年、2001—2010 年期间中国 ICRG 指数得分分别为 63.16 分、66.42 分和 67.45 分，不存在制度弱化的迹象（2010 年以后的数据没有得到）。相应的 FVV 原始得分分别为 15.08 分、16.43 分和 15.58 分。如果按照 Frankel 等的分期标准，1984—1999 年原始平均得分为 15.85 分，2000—2008 年原始平均得分为 15.72 分，也不存在制度弱化问题。但是采用 Frankel 等的标准化方法，则上述两个期间的得分分别为 0.57 分和 0.54 分，存在制度弱化问题，虽然 FVV 原始得分和标准化得分有着相同的走势。从数据角度来看，这种制度弱化是因为权重的处理问题，Frankel 等放弃了原 IRCG 所确定的 A—E 部分 2 倍于 F—K、3 倍于 L（官僚质量）的重要性，在处理制度质量这个环节，这种方法的科学性有待商榷。[②]

世界银行 KKM 指数的官方名称是世界规制指数（The Worldwide Governance Indicators, WGI），由布鲁金斯学会的 Kaufmann 和世界银

[①] Jeffrey Frankel, Carlos Végh and Guillermo Vuletin, "On Graduation from Fiscal Procyclicality", *Journal of Development Economics*, Vol. 100, No. 1, Jan. 2013, pp. 32 – 47; R. Duncan, "Institutional Quality, the Cyclicality of Monetary Policy and Macroeconomic Volatility", *Manuscript*, Ohio University, 2012; César Calderón, R. Duncan and K. Schmidt-Hebbel, "Do Good Institutions Promote Countercyclical Macroeconomic Policies?", *Oxford Bulletin of Economics & Statistics*, Vol. 78, No. 5, 2016, pp. 650 – 670.

[②] Jeffrey Frankel, Carlos Végh and Guillermo Vuletin, "On Graduation from Fiscal Procyclicality", *Journal of Development Economics*, Vol. 100, No. 1, Jan. 2013.

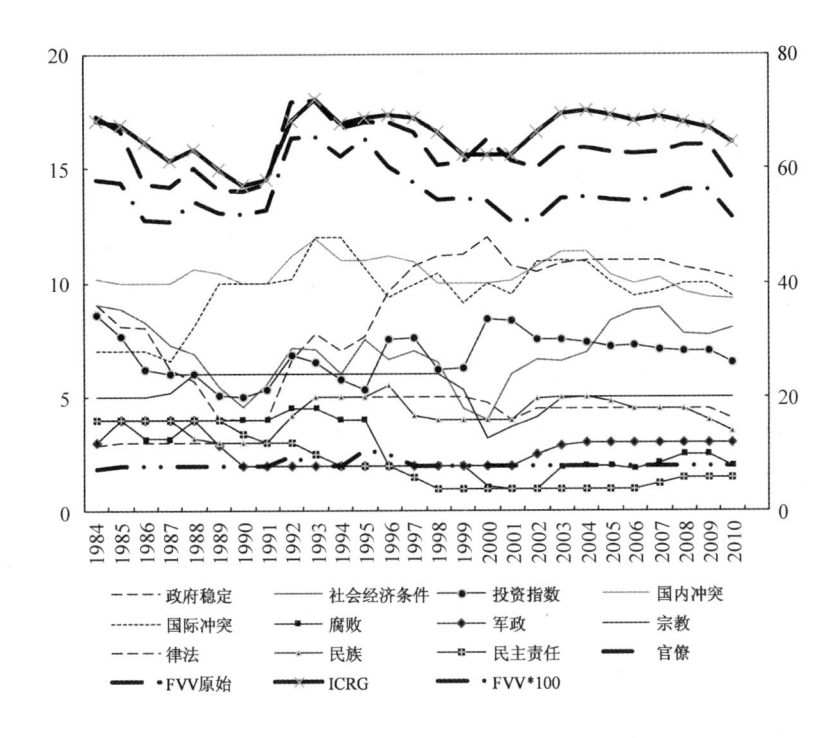

第三章 中国财政政策周期特征的国际视野　　73

图 3-2　中国 ICRG 指数得分情况（1984—2010 年）

数据来源：Political Risk Services Group。FVV∗100 和 ICRG 采用右轴，其他左轴，FVV∗100 是指 Frankel et al（2013）所采用的指数放大 100 倍的可视化效果。

行 Kraay 共同编制。① 该指数分为 6 个分项，分别是声音与责任（Voice and Accountability）、政治稳定无暴力（Political Stability and Absence of Violence）、政府效能（Government Effectiveness）、管制质量（Regulatory Quality）、法制（Rule of Law）和腐败控制（Control of Corruption），6 个分指数取值都是从 -2.5 到 2.5，得分越高表示制度质量越好。世界银行 KKM 指数和其中的腐败控制指数 CCI 都经常用

---

① KKM 指数参见 Daniel Kaufmann, Aart Kraay and Massimo Mastruzzi, "The Worldwide Governance Indicators: A Summary of Methodology, Data and Analytical Issues", *World Bank Policy Research Working Paper*, No. 5430, 2010。

作政府质量分析指标,该指数不但提供了对访问者打分的估计数,还提供了在全世界被访国家的百分位排名及其90%置信区间。遗憾的是,我们只找到1996年以后的部分,并且1996—2002年只有双数年份的数据。

以CCI和WGI衡量的中国绝对制度质量先恶化后好转(见图3-3)。中国1996年CCI指数得分为-0.25,2002年下降到-0.65,同期WGI指数从-2.89下降到-3.51,随后这两个指数分别处在[-0.6,0.4]和[-3.5,-3.0]低位整理阶段,2010年CCI和WGI得分分别为-0.56和-3.45。2010年以后的制度质量还是明显好转,2016年CCI和WGI得分分别上升到-0.25和-2.52。

但是如果我们观察相对排名,就会得出不同结论。1996年中国CCI和WGI百分位排名分别约为第44位和第38位,2002年上升到第33位左右,此后分别保持在第34—37位和第35—37位之间,制度质量稳中有升。2016年以后尽管得分提高,排名却在恶化,WGI和CCI排名百分位分别从2010年的第34.55位和第33.33位下降到2016年的第40.21位和第49.04位。从整个时期看,制度质量基本是在波动,没有明显好转,也没有明显恶化。由于面板数据衡量的是相对变化,因此我们没有理由认为中国的制度质量在好转,但是也没有恶化多少,定量估计显得非常有必要。透明国际的腐败感受指数CPI从1995年开始编制,样本国家数从最初的41个增加到2010年的178个国家,数据较短且国家数量变化太大,我们没有采用。

采用金融市场数据是为了观察在经济下行或者危机期间能否从国际市场及时筹款。金融市场代理变量较多,但是主要是采用政府债务率等相关数据。Frankel等采用了金融深化指标、金融一体化(Chinn and Ito)、政府债务/GDP、商品和服务贸易条件等多项指标,[①] 我们

---

① Jeffrey Frankel, Carlos Végh and Guillermo Vuletin, "On Graduation from Fiscal Procyclicality", *Journal of Development Economics*, Vol. 100, No. 1, Jan. 2013; Menzie D. Chinn and Hiro Ito, "What Matters for Financial Development? Capital Controls, Institutions, and Interactions", *Journal of Development Economics*, Vol. 81, Issue 1, 2006, pp. 163 – 192.

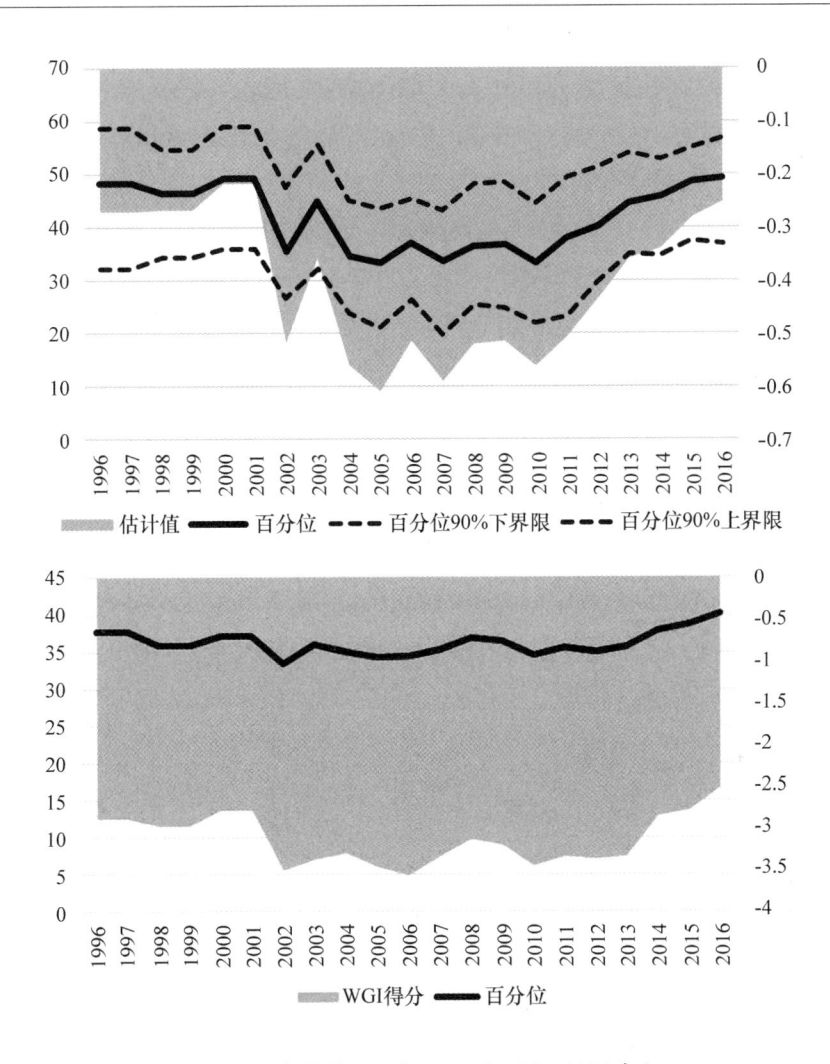

图3-3 中国的 CCI 和 WGI（1996—2016 年）

说明：指数来自世界银行网站。CCI 和 WGI 指数得分采用右轴，百分位排名采用左轴。其中，WGI 是 6 项指数得分和排名加总的结果，排名采用 6 个指标排名的均值。

查阅的结果是有些指标没有中国数据。出于研究中国问题的需要只能舍弃。图 3-5 是 Chinn-Ito 金融开放指数，但是其本身没有太大变化，方差较小。指标过多对于衡量参数稳健性有好处，但是也会导致共线

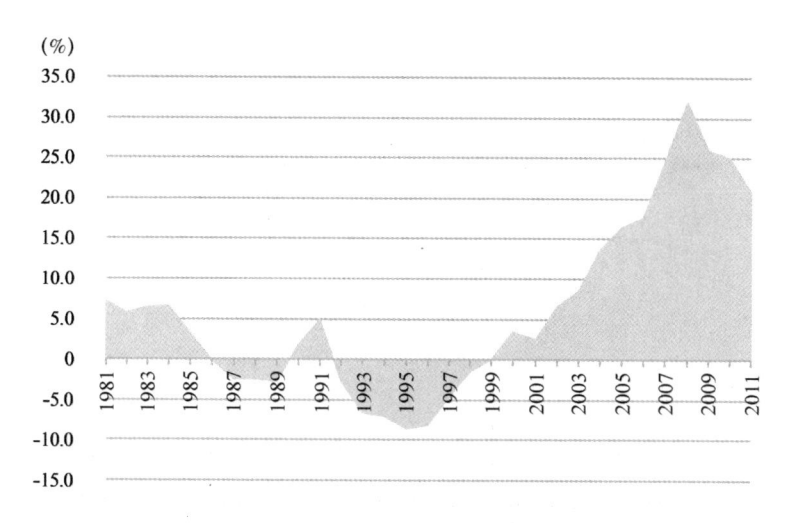

图 3-4　中国的净外部资产/GDP

说明：数据来自 Philip Lane, Gian Maria Milesi-Ferretti, "The External Wealth of Nations Mark Ⅱ: Revised and Extended Estimates of Foreign Assets and Liabilities, 1970 – 2004", *Journal of International Economics*, Vol. 73, 2007, November, pp. 223 – 250。

性存在。Halland 和 Bleaney 采用了 Lane 和 Milesi-Ferretti 国家债务资产与权益之差（NFA）来衡量净债务。[1] 我们也采用了这个指数，这个数据更新到了 2011 年。[2] 数据显示，21 世纪以来中国的国际金融环境总体呈改善局面。

收入分配的国际数据基本都采用世界银行的 Gini 系数，在世界发

---

[1] Havard Halland and Michael Bleaney, "Explaining the Procyclicality of Fiscal Policy in Developing Countries", *CREDIT Research Paper*, No. 11/09, 2011; Philip Lane, Gian Maria Milesi-Ferretti, "The External Wealth of Nations Mark Ⅱ: Revised and Extended Estimates of Foreign Assets and Liabilities, 1970 – 2004", *Journal of International Economics*, Vol. 73, 2007, November, pp. 223 – 250.

[2] Lane and Milesi-Ferretti 数据库现在已经更名为 External Wealth of Nations，相应的国家财富指标为净金融资产 NFA。本书采用的指标是 NFA/GDP，NFA 和 GDP 全部采用美元现值来衡量。1970—2011 年的数据下载地址为 http://www.philiplane.org/EWN.html。参见 Philip Lane, Gian Maria Milesi-Ferretti, "The External Wealth of Nations Mark Ⅱ: Revised and Extended Estimates of Foreign Assets and Liabilities, 1970 – 2004", *Journal of International Economics*, Vol. 73, 2007, November, pp. 223 – 250。

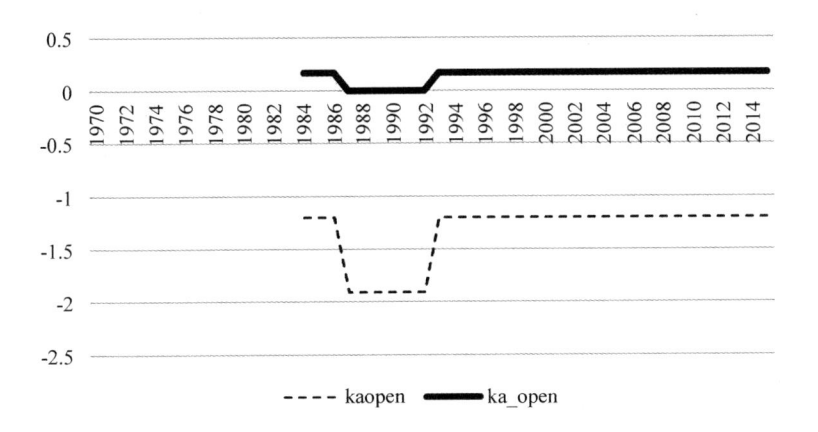

图 3-5　Chinn-Ito 金融开放指数

说明：单位为 1，数据来自 Chinn and Ito (http://web.pdx.edu/~ito/Chinn-Ito_website.htm)，参见 Menzie D. Chinn and Hiro Ito, "What Matters for Financial Development? Capital Controls, Institutions, and Interactions", *Journal of Development Economics*, Vol. 81, Issue 1, 2006, pp. 163–192。

展指数库 WDI 中，Gini 系数只是在少数国家部分时期才提供，很少能见到完整的时间序列。中国的 Gini 系数始于 1981 年，基本每 3 年提供一次（见图 3-6）。从中我们可以很明显地看到，30 年来中国的收入分配状况确实在恶化，Gini 系数从 1981 年的不到 0.3 增加到 90 年代的 0.3—0.4，21 世纪前十年进一步上升到 0.4—0.5。由于 Gini 系数对于社会群体的指代含义比较模糊，我们采用了第二个指标，即最富有的 20% 人口收入占国民收入的比重（RICH，WDI 原指标是 SI.DST.05TH.20）。在中国的数据库中，最富有的 20% 人口收入占国民收入的比重提供的年份和 Gini 系数完全相同，但是在部分国家这个数据要比 Gini 系数完整得多。我们可以看到的是，尽管最富有的 20% 人口收入占国民收入的比重始终高于 Gini 系数，但是二者的变化方向是完全相同的，在面板分析中完全可以当作收入分配的代理变量。

用来衡量财政政策周期特征的产出数据和财政变量数据来自 WDI

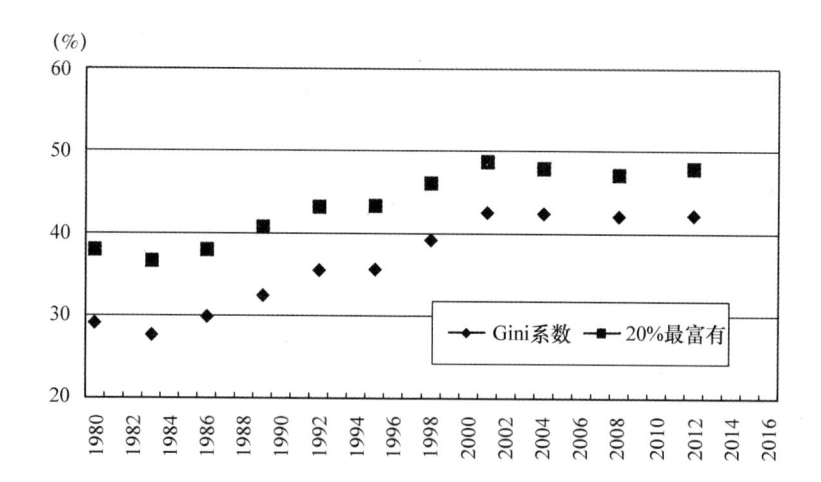

图 3-6 中国的 Gini 系数和 20% 最富有群体（20RICH）占国民收入比重

说明：数据来自世界银行世界发展指数 World Development Indicators（更新：2017 年 11 月 21 日）。

（World Development Indicators，2017 年 12 月 22 日更新）。其中产出采用了 2010 年本币（人民币）不变价 GDP（对应的 WDI 原指标是 NY. GDP. MKTP. KN），产出缺口也采用相同指标。GDP 增长率是采用本币计算的年度增速，WDI 原指标是 NY. GDP. MKTP. KD. ZG。在计算财政政策周期特征时采用了 1961—2016 年的数据，在作为计量分析代理变量时采用了 1981—2016 年数据。财政政策采用了本币不变价（constant LCU）衡量的政府消费（General Government Final Consumption Expenditure，对应的 WDI 原指标是 NE. CON. GOVT. KN）。[①] 由于财政投资部分的周期性特征转化远远超过财政支出总体，那么从分类的角度讲，采用政府消费作为财政政策变量无疑会低估中国财政政策周期特征转变的动态程度。出于数据口径考虑，我们别无他法，

---

① WDI 的政府消费称为一般政府最终消费支出（以前称为一般政府消费），包括政府为购买货物和服务（包括雇员薪酬）而发生的所有经常性支出。还包括国防和国家安全方面的大部分支出，但不包括政府军费支出，该项支出属于政府资本形成。数据以本币不变价计。

但在分析中会注重这一点。产出和政府消费的周期部分的计算方法是取对数，将 HP 滤波平滑指数设为 6.25。

我们采用 2011 不变国际元（constant 2011 international $，WDI 原指标是 NY. GDP. PCAP. PP. KD）衡量的人均 GDP 作为控制变量，用以衡量经济发展水平对于财政政策周期特征的影响；用政府消费占最终消费的比重 GSZ 来衡量政府规模。很多研究采用了政府消费占 GDP 的比重来衡量政府规模，这个含义不是很确切，毕竟政府支出同时包括了政府投资和政府消费，我们将其改为政府消费占最终消费的比重，数据上是在 WDI 数据库中用政府消费占 GDP 的比重（NE. CON. GOVT. ZS）除以居民最终消费占 GDP 的比重①（WDI 原指标是 NE. CON. PETC. ZS）与政府消费占 GDP 的比重之和，并补充了政府消费占 GDP 的比重（NE. CON. GOVT. ZS）作为 GSZ1，这些数据在 WDI 中都是结构变量，可以直接乘除运算。② 同时除了被解释变量以外，对于所有的解释变量，如果数足够的话，我们都将区间固定为 1981—2016 年，在计量分析中，被解释变量也固定在这个区间。

三 方法论

按照第二章的分析，一个标准的财政政策周期研究是估计下面的反应函数

$$G_t = \beta OUTPUT\_GAP_t + \gamma X_t + \varepsilon_t \tag{1}$$

其中 G_t 是财政政策指标，在本部分就是政府消费。$OUTPUT\_GAP_t$ 是经济周期的指标，X_t 是控制向量，ε_t 是不可观察的

---

① WDI 数据库中的居民最终消费支出（以前称为私人消费）是指居民购买的所有货物和服务（包括耐用品，例如汽车、洗衣机、家用电脑等）的市场价值。不包括购买住房的支出，但包括业主自住房屋的估算租金。也包括为取得许可证和执照向政府支付的费用。此处居民消费支出包括为居民服务的非营利机构的支出，无论国家是否另行公布。此项目也包括资源使用量相对于资源供给量的任何统计偏差。

② 即 $GSZ = \dfrac{NE.CON.GOVT.ZS}{NE.CON.GOVT.ZS + NE.CON.PETC.ZS}$，$GSZ1 = NE.CON.GOVT.ZS$。

误差项。系数 β 描述了财政政策周期特征：如果 $\beta < 0$，则财政政策逆周期（countercyclical）；如果 $\beta > 0$，则财政政策顺周期（procyclical）；如果 $\beta = 0$，则财政政策非周期（acyclical）。

从文献看式（1）有如下四种具体形式

$$\Delta \log G_t = \alpha + \beta_t^A \Delta \log RGDP_t + \gamma \log G_{t-1} + \delta T_t + \varepsilon_t \tag{1A}$$

$$\Delta \log G_t = \alpha + \beta_t^B OUTPUT\_GAP + \gamma \log G_{t-1} + \delta T_t + \varepsilon_t \tag{1B}$$

$$\log G_t = \alpha + \beta_t^C \log RGDP_t + \gamma \log G_{t-1} + \delta T_t + \varphi T_t^2 + \varepsilon_t \tag{1C}$$

$$\Delta \log G_t = \alpha + \beta_t^D \Delta \log RGDP_t + \gamma \log G_{t-1} + \delta \Delta \log RGDP_{t-1} + \eta T_t + \varepsilon_t \tag{1D}$$

其中 T 是时间趋势，从 1979 年开始算起，1980 = 1，以此类推。个别研究的变量滞后期还会延长。其中的每一个 β 都是财政政策周期指标，我们分别以 β^A，β^B，β^C，β^D 的形式汇报了四种回归方程的结果。

在财政政策周期特征决定因素的研究中，有一阶段方法和两阶段方法之分。如果控制向量 X_t 仅包含 G_t 和 $OUTPUT\_GAP_t$ 的滞后项，第二步将估计出来的 β 值与影响财政周期特征的政治、金融等因素进行回归估计，这种方法被称为两阶段方法。一阶段方法则是将各种影响财政周期特征政治、分配、金融因素直接代入式（1）进行估计。① Alesina 等和方红生、张军采用了两阶段方法。② 例如 Alesina 等用各国数据分别估计上式，然后在一个跨国回归中将 β_t 对核心解释变量和其他控制变量进行回归。Lane 和 Woo 认为一阶段估计可能更加准确，方红生和张军分别使用了一阶段方法和两阶段方法，我们在本部分采用了两阶段方法，在第四章采用采用了一阶段

---

① 参见方红生《顺周期性财政政策研究进展》，《经济学动态》2009 年第 1 期。
② Alberto Alesina, Filipe Campante, Guido Tabellini, "Why is Fiscal Policy Often Procyclical?", *Journal of the European Economic Association*, Vol. 6, No. 5, 2008, pp. 1006 – 1036；方红生、张军：《中国地方政府扩张偏向的财政行为：观察与解释》，《经济学（季刊）》2009 年第 3 期。

方法。①

我们最终选择的结果是1981—2016年有全部数据的84个国家（或地区），包括29个发达国家（或地区）和55个发展中国家（或地区），划分标准来自世界银行。在两阶段过程中，针对每一个国家（或地区）分别计算β^A、β^B、β^C、β^D，并计算其基本统计指标，然后再采用解释变量进行回归分析。第二阶段采用的回归方程是

$$\hat{\beta} = \alpha + bIS + cFM + dIQ + eCT + \theta_t$$

其中，IS代表制度变量，我们采用了ICRG和FVV指数，CCI和WGI用作稳健性检验；FM表示金融约束，我们分别采用了Lane and Milesi-Ferretti 国外净资产（NFA，各种资产与权益债务之差，更新到2011年）和世界银行WDI的中央政府债务占GDP比重来衡量；IQ表示收入不平等指标，我们采用了最富有的20%群体收入占国民收入比（20RICH），这个数据比Gini系数更全，群体含义也更明显；CT是控制变量，包括基于PPP调整的人均GDP（PGDP）和政府消费比重表示的政府规模GSZ。我们最终选取了数据齐全的84个国家（或地区），包括29个发达国家（或地区）和55个发展中国家（或地区），具有广泛的代表性和覆盖率。国家名称和数据起止时间见书后附录部分。

四 中国政府消费的周期特征及其动态

由于政府消费和产出都采用2010年本币不变价（constant LCU）来衡量。WDI对本币不变价中国政府消费数据提供的时间较晚，从

---

① Philip Lane, "The Cyclical Behavior of Fiscal Policy: Evidence from the OECD", *Journal of Public Economics*, Vol. 87, No. 12, 2003, pp. 2661 – 2675; Jaejong Woo, "Why Do More Polarized Countries Run More Procyclical Fiscal Policy?", *The Review of Economics and Statistics*, Vol. 91, No. 4, 2009, pp. 850 – 870; 方红生、张军：《中国地方政府竞争、预算软约束与扩张偏向的财政行为》，《经济研究》2009年第12期；方红生、张军：《中国地方政府扩张偏向的财政行为：观察与解释》，《经济学（季刊）》2009年第3期。

1990 年开始，期间为 1990—2016 年。我们以亿元为单位对其取对数再进行 HP 滤波操作，平滑指数设为 6.25。为了弥补本币不变价数据期限短的不足，又补充了 2010 年美元不变价衡量的政府消费（对应的 WDI 相应指标为 NE. CON. GOVT. KD）和 GDP 值（对应的 WDI 相应指标为 NY. GDP. MKTP. KD）为基准的财政支出周期特征，期限为 1960—2010 年。

表 3 – 1　政府消费波动与产出波动的 Pearson 和 Spearman 相关矩阵

		LRGCLCU	LRGDPLCU
本币不变价	LRGCLCU	1.0000 [0.0000]	－0.0568 [0.7785]
	LRGDPLCU	0.0004 [0.9844]	1.0000 [0.0000]
		LRGC2010	LRGDP2010
2010 年美元不变价	LRGC2010	1.0000 [0.0000]	0.6557 [0.0000]
	LRGDP2010	0.9988 [0.0000]	1.0000 [0.0000]

说明：LRGC2010 表示政府消费波动，LRGDP2010 表示人均产出波动，[ ] 内是 p 值，上半部分采用本币不变价，下半部分采用 2010 年不变价美元。

采用不变价本币衡量的 1990—2016 年中国财政政策周期相关系数为几乎为 0（0.0004），且不显著（p 值为 0.9844），对应了我们判断的中国财政支出在分税制改革后基本处在非周期的阶段。而采用 2010 年美元不变价政府消费来衡量的 1961—2016 年中国财政政策周期相关系数几乎为 1（0.9988），这个结果比较令人费解，但主要应当是受到人民币兑美元汇率的影响。在第二章对全国财政支出周期特征衡量的分析中，我们计算 1952—2016 年财政支出政策的周期相关系数为 0.8858，回归系数为 1.738，而采用 2010 年不变价美元计算的产出和政府消费波动回归系数为 1.015（p 值在 0.1% 水平上显著），低于采用本币的 1952—2016 年回归系数。

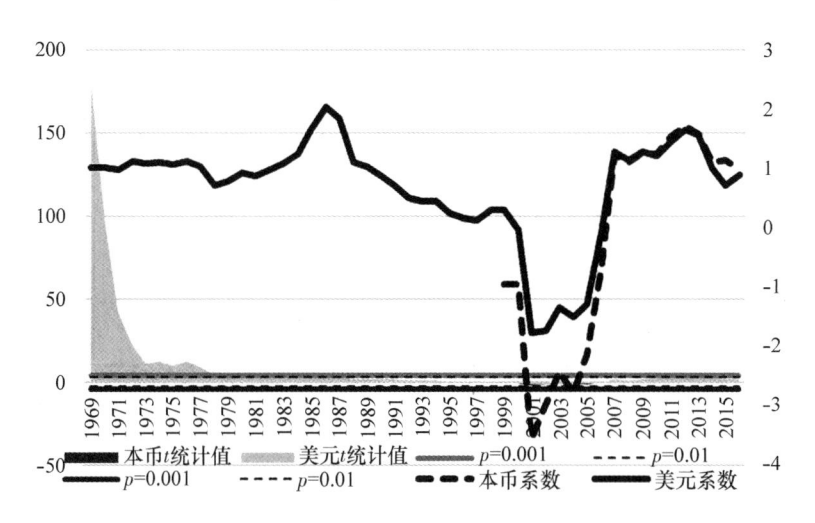

图 3-7 以中国政府消费的周期特征动态（1961—2016 年）

说明：移动平均是每 10 年（向前 9 年）滚动计算的结果。

如果我们以更加动态的眼光去观察中国财政政策周期特征，就会发现完全不同的结果。在计划经济时期，以 2010 年美元不变价表示的中国政府消费处于完全顺周期，回归系数稳定在 1 左右（见图 3-7），80 年代开始明显下降，90 年代甚至逐步接近负值。21 世纪以后，政府消费波动与产出波动的回归系数还是明显上升，甚至超过了之前的计划经济时期，目前保持在 1 左右的高位。由于美元价格中包含了汇率变化因素，以人民币不变价表示的财政支出周期特征与美元不变价表示的有所差别，尤其是在 20 世纪 90 年代，但先改善后恶化的变化趋势基本一致（见图 3-7）。这个先改善后恶化的趋势和时间点，与第二章采用财政支出数据计算的结果基本相同（见图 2-4），只是恶化得更为显著，也从一个侧面表明了政府投资的改善，是财政支出政策周期特征改善的主体。

21世纪财政政策周期系数重新回归到正值区间,意味着财政政策再次恢复了放大经济波动的作用。同时我们注意到,1994年以后的宏观税负上升和政府支出增长,与上述财政政策周期系数的转变基本是同时发生的。这使得我们在后续的分析中,额外注重政府规模的作用。第四章关于地方政府周期特征的分析中,我们将转移支付作为解释变量。

五 中国财政政策周期特征的国际视野:两阶段方法

表3-2　　四种口径财政政策周期特征的估计结果

	β^A	β^B	β^C	β^D
所有国家(或地区)(84)				
POLS	0.479*** [6.57]	0.858*** [3.70]	0.0478*** [4.49]	0.651*** [5.55]
FE	0.436*** [13.40]	0.871*** [11.96]	0.158*** [15.68]	0.618*** [14.32]
发达国家(或地区)(29)				
POLS	0.273*** [7.24]	0.333*** [4.53]	0.0420*** [9.81]	0.243*** [4.82]
FE	0.159*** [5.44]	0.323*** [5.66]	0.0886*** [11.17]	0.225*** [4.72]
发展中国家(或地区)(55)				
POLS	0.489*** [5.71]	0.871*** [11.96]	0.0552*** [3.59]	0.704*** [5.25]
FE	0.460*** [10.69]	0.969*** [10.12]	0.160*** [11.96]	0.704*** [4.20]

说明:[ ]内是标准差,* $p<0.05$,** $p<0.01$,*** $p<0.001$。

84个国家（或地区）四种口径的财政政策周期指数基本统计指标见表3-2，从中不难发现：（1）不论采用哪种指标或方式，发展中国家（或地区）和发达国家（或地区）都显示出顺周期特征，并且发展中国家（或地区）财政政策顺周期程度远远高于发达国家（或地区）。（2）β^B的取值明显高于其他三个周期指标，原因在于β^B衡量的不是政府消费的变化，而是政府消费增长率的变化。

我们对84个国家（或地区）回归的固定效应FE估计结果显示，政府规模、收入分配、制度和国际金融约束都对财政政策周期特征有一定影响，其中高度显著的是政府规模（0.01水平显著）和代表经济发展水平的人均GDP（0.001水平显著）。考虑到广泛存在的顺周期现象，政府规模扩大和人均GDP水平的提高，都会显著扩大政府消费顺周期现象，制度质量的提高、前20%拥有财富比重的下降，国家（或地区）外部净资产资产代表的金融环境改善，倾向于缓解财政政策顺周期现象，尽管系数并不显著。由于我们采用的变量是政府最终消费，对缓解财政政策顺周期特征不利的政府规模扩大，应当被解读成政府消费与GDP比重的上升不利于促使财政政策告别顺周期特征。[①]进一步研究发现，采用备选指标，无论美元计价的政府消费和GDP，还是新的制度质量指标WGI等，都不会改变参数方向。但采用中央政府债务余额来衡量国际金融市场约束，则具有明确的抑制周期特征恶化作用。

表3-3　财政政策周期特征的决定因素固定效应FE估计（全部国家或地区）

解释变量	β^A	β^B	β^C	β^D
PGDP	0.242*** [7.15]	0.262*** [7.27]	-0.405*** [-3.90]	0.250*** [6.96]
RICH	0.00708 [0.63]	0.0117 [1.02]	0.0190 [1.76]	0.00776 [0.68]

---

① Havard Halland and Michael Bleaney, "Explaining the Procyclicality of Fiscal Policy in Developing Countries", *CREDIT Research Paper*, No. 11/09, 2011.

续表

解释变量	β^A	β^B	β^C	β^D
GSZ	0.542** [2.84]	0.517** [2.63]	0.585** [3.20]	0.530** [2.73]
ICRG	-0.00542 [-0.58]	-0.00934 [-0.97]	-0.0150 [-1.67]	-0.00628 [-0.66]
NFA	-0.00343 [-0.46]	-0.00436 [-0.57]	-0.00821 [-1.16]	-0.00570 [-0.76]
常数	显著	显著	显著	显著
国家数	84	84	84	84
Chow F 检验 [p-value]	2.88*** [0.005]	3.34*** [0.005]	3.66*** [0.005]	2.78*** [0.005]

说明：作者计算得出。括号内的是时间序列异方差稳健 t 统计值，***、**、* 分别表示在 1%、5% 和 10% 水平上显著。Chow F 检验主要是区分发达国家和发展中国家是否有相同系数。

人均 GDP 影响是正向的，也就是说，如果我们把所有国家当作一个同质样本，从数据上不能直接看出财政政策周期问题基本是一个发展问题，政府消费顺周期状况不会因为经济发展而得到改善，必须是一种制度的变革。Chow F 检验的高显著性水平却对应着相反的含义。由于发展中国家数量较多，政策变量和解释变量变异较为明显，可以猜测单独对发展中国家回归的结果与全体国家基本相似。

表3-4是55个发展中国家回归分析的结果。可以看到，符号方向和回归系数与整体回归的结果基本相同，但是强度更大。国际金融市场、收入分配和制度质量的影响更为显著，从而意味着上述影响财政政策周期特征的变量对于发展中国家更加重要。而中国制度的弱化、收入分配恶化和政府消费比重上升，无疑是造成财政政策周期特征恶化的重要原因。

表3-4 财政政策周期特征的决定因素[55个发展中国家（或地区）]

解释变量	β^A	β^B	β^C	β^D
PGDP	0.239***	0.248***	-0.0774	0.232***
	[6.51]	[6.36]	[-0.49]	[6.03]
RICH	0.00417	0.00917	0.0162	0.00391
	[0.30]	[0.64]	[1.10]	[0.28]
GSZ	0.449*	0.442*	0.468*	0.442*
	[2.17]	[2.10]	[2.23]	[2.14]
ICRG	-0.000332	-0.00481	-0.0105	-0.000455
	[-0.03]	[-0.41]	[-0.87]	[-0.04]
NFA	-0.00581	-0.00687	-0.00809	-0.00799
	[-0.72]	[-0.83]	[-0.98]	[-0.99]
常数	显著	显著	显著	显著
国家数	55	55	55	55

说明：作者计算得出。括号内的是时间序列异方差稳健t统计值，$^*p<0.05$，$^{**}p<0.01$，$^{***}p<0.001$。

六 结果和结论

本章在国际比较层面上分析了中国财政政策周期特征。我们分析了影响财政政策周期特征的制度、分配和金融条件，发现中国政府消费在1990—2016年已经呈现出非周期状态。从动态角度来看，政府消费的顺周期特征先下降后上升，最近十年重新回归顺周期。通过跨国回归，发现政府规模的增加和人均GDP的提高，都会扩张财政政策的顺周期特征，而中国收入分配和制度质量的恶化，都有可能是实现逆周期调控的不利因素。

第四章

分税制、转移支付与地方政府财政政策的周期特征

对地方政府财政支出周期特征的研究集中于转移支付。分税制所带来的财权上收和事权下放，导致了政府间纵向转移支付的膨胀（见图4-1）。按照决算数据，2016年地方政府一般公共财政预算收入为87239.35亿元，支出160351.36亿元，本级财政收入少于支出73112.01亿元，地方财政自给率仅为54.41%。[①] 除此以外，一个完整的转移支付框架，还要考虑到地方政府之间以地震对口援助、水源地保护、区域合作开发等形式所支出的部分横向转移支付，转移支付对于地政府收支的影响可谓举足轻重。

与前面两章的实证研究相比，本章的核心是解释中国省级区域财政政策的周期特征及其影响因素。我们之所以关注转移支付对于地方政府周期特征的影响，主要是基于中国财税制度的考虑。相对于西方的财政联邦主义国家，现有的中国地方财税体制是"市场堵死、行政敞开"，突出表现为以下三点。

第一，中国地方政府收支在短期中并不直面市场，突出表现为不

[①] 中央财政收入为51327亿元，财政支出为16514亿元，一般预算口径上向地方直接转移支付34813亿元，其余的来自国债增发、财政部代发的地方债、预算稳定调节基金调整等。

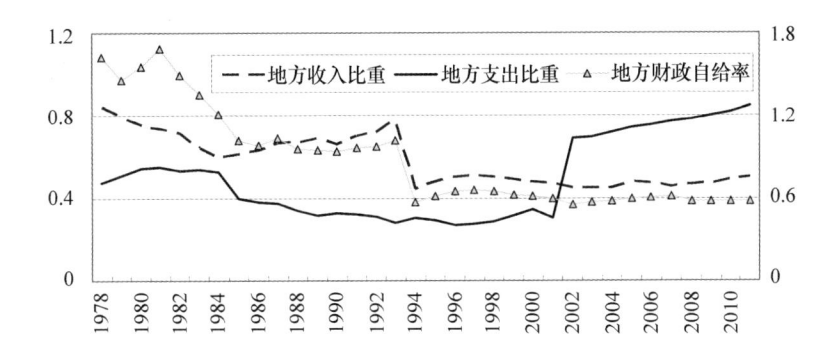

图 4-1 地方财政收支基本情况（1978—2016 年）

说明：地方财政自给率采用右坐标轴，其余左坐标轴。数据来自财政部网站、《中国统计年鉴 2017》和《新中国 60 年统计资料汇编》①。

能向资本市场自由借债，已有的地方债更多的是面临体制性约束而非市场约束。中国巨大的国有资产及其使用方式由地方政府决定的特性，使中国实际上拥有大量的"政府性债务"，这一点在投融资平台的处理上尤其明显。虽然不能独立发债，但可以通过国有资产置换来获得银行贷款，再通过种种转移形式或者通过企业支出口径来满足部分政府支出需要。但是相对于联邦制国家来说，政府受到的市场直接约束明显较小。

第二，税权高度集中于全国人大与国务院部委，地方政府能够行使的财政收入权力受到巨大约束。没有独立的税收权力，不能够通过税率调整或者开征新税种、新收费项目来满足自身支出需要，而日益膨胀的政府间纵向转移支付则为其增加收入开辟了新的出口。"跑部钱进"，还是靠天吃饭，这是个问题。

第三，截至 2014 年，《预算法》仍规定中国实行中央、省（自治区、直辖市）、地级市、县、乡镇五级预算，但是要求收支平衡，

---

① 参见中华人民共和国国家统计局编《中国统计年鉴 2017》，中国统计出版社 2017 年版；国家统计局国民经济综合统计司编《新中国 60 年统计资料汇编》，中国统计出版社 2010 年版。

不得存在预算赤字，这使得对于通过债务或者预算盈余（赤字）来分析地方政府周期特征变得没有价值。①

一 我国现行的政府间转移支付制度

转移支付在多级政府国家非常普遍，其主要是在既定政府间事权和财权框架下，依据事权和财权总量而在政府间重新配置财力以弥补初始财权配置的不均衡。转移支付意味着政府间初始财权和事权的不匹配，当然也有文献将其对应于财力与支出责任的不匹配。② 一般来看，如果某个政府获得了净转移支付，往往是因为事权大于财权。不同体制下政府间关系的根本差别，是事权来自当地居民偏好，还是来自以呈现全部居民偏好为特征的上级政府授予，核心是委托方与代理方之间的角色转变。

我国目前执行的预算管理体制，将转移支付大体上分为三类预算科目：税收返还、一般性转移支付和专项转移支付。税收返还来自分税制的设计，其基本内容是：以1993年为基年，为保证地方利益不受影响，中央从地方上划的净收入（消费税加75%增值税减去中央下划收入）如数返回给地方。1994年及以后税收返还在1993年的基数上逐年递增，递增率按全国（后改为按当地）消费税和增值税平均增长的1:0.3的系数确定。在分税制改革之初，税收返还占转移支付的比重最高，1995年为73.7%，到2004年已经下降到全部转移支付的30.5%。

一般性转移支付主要包括均衡性转移支付、民族地区转移支付、

---

① 地方政府目前可以通过投融资平台来绕开政府所控制的财政与金融自1997年财金体制改革以来确立的制度分界线，从而形成实际意义上的地方政府债务。但是我们缺乏可靠的连续省级数据，从而不得不放弃从债务视角入手，而集中于通过转移支付来研究地方政府财政政策周期特征的问题。

② 楼继伟、李克平：《关于建立我国财政转移支付新制度的若干问题》，《经济改革与发展》1995年第10期。

县级基本财力保障机制奖补资金、调整工资转移支付、农村税费改革转移支付、资源枯竭城市财力性转移支付、工商部门停征两费（个体工商户管理费和集贸市场管理费）转移支付、成品油税费改革转移支付、定额补助和企事业单位划转补助 10 余个项目。①这些科目大多是遗留问题，与财税体制改革的历史有关。

专项转移支付是中央财政为实现特定的宏观政策与事业发展目标委托地方政府代理行政事务进行补偿而设立的资金。专项转移支付大多与中央地方事权的分配有关，包括地方代为实施中央事权的专项财政补助、中央与地方共同事权的专项财政补助和地方政府事权的专项补助三种类型，目前共有 100 多个预算科目。

2012 年三类转移支付总额为 45383.47 亿元，其中税收返还 5120.77 亿元、一般性转移支付 21471.18 亿元，专项转移支付 18791.52 亿元，比重分别为 11.28%、47.31% 和 41.41%。一般性转移支付和专项转移支付是现在政府间纵向调整财力的主体，标志着转移支付已经从分税制之初的以税收返还为主的体制妥协政策，发展成独立的区域发展政策。② 从过去 5 年来看，税收返还保持在低速增长态势，增长最快的是一般性转移支付，5 年增长了 1.45 倍；其次是专项转移支付，5 年增长了 89%。一般性转移支付和专项转移支付构成的"中央对地方转移支付"总额从 2008 年的 18708.6 亿元增加到 2012 年的 40262.7 亿元，增加了 1.15 倍。

二 文献梳理

我们的文献包含了两部分：第一是关于转移支付的研究，第二是

---

① 此外还包括教育转移支付、医疗卫生转移支付和农林水转移支付，2010 年一般性财政转移支付科目中新增了村级公益事业"一事一议"奖励资金支出、一般公共服务转移支付支出、公共安全转移支付支出、社会保障和就业转移支付支出。

② 范子英、张军：《财政分权、转移支付与国内市场整合》，《经济研究》2010 年第 3 期。

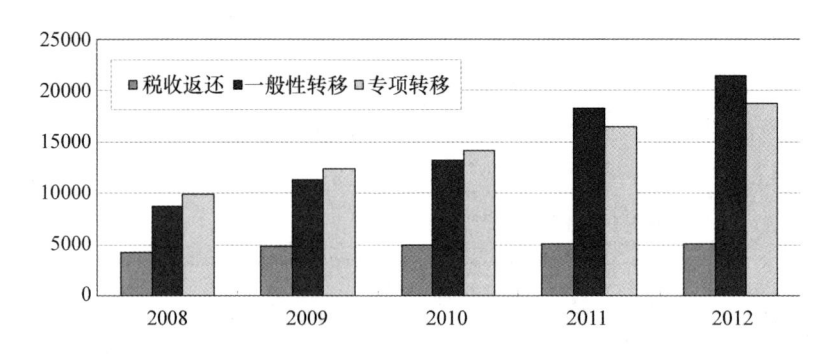

图 4-2　三类政府间转移支付（2008—2012 年）

说明：数据来自财政部《中央对地方税收返还和转移支付预算表》中的年度决算数，2008 年的一般性转移支付采用"财力性转移支付"口径。

关于地方政府财政政策周期特征的研究。

毫无意外的是，现有文献对转移支付的研究始于 1994 年的分税制改革。分税制改革后，中央本级财政产生了大量的预算盈余。如何使用这些收入，为财税学界开辟了新的研究课题。由于中央的预算盈余是中国调整中央、地方收入比重和相对应的相对税权得到的，在当年全国预算支出没有发生大的变动的情况下，一种自然而然的解决方法，就是将其用于地方政府的转移支付，并促成其满足《预算法》所要求的平衡条件。

在制度设计上，齐守印提出转移支付的三项功能是保障基本服务、配置和激励，认为纵向转移支付为主的模式更适合中国。刘溶沧和焦国华认为现有转移支付"不规范""不稳定""调节作用混乱"，应当执行一种"以一般性转移支付为重点，以专项转移支付相配合，以特殊性转移支付作补充的复合型模式"。曾军平认为转移支付具有纵向和横向平衡效应，并认为综合平衡是更重要的政策目标。李齐云和刘小勇认为转移支付制度存在的问题是支付额的确定缺乏科学依据、支付力度不足、调节功能微弱。寇铁军认为转移支付应当重视城市化、社会保障、国企改革、资源型城市转型等，并认为测算转移支付时应该注重城乡差别。刘尚希、李敏认为应当按照政府间转移支付按照目标和功能的不同,将转移支付分为四类:一是以均等化为目标的转移支付,二是解决辖区间外溢性问题的转移支付,三是中央委托地方事务引致的转移支付,四是以增强国家政治控制力为目标的转移支付。①

安体富认为现有转移支付形式过多、结构不合理,不规范、不公开、不透明。转移支付制度设计应当以各地公共服务均衡化为目标,做到公平、公正、公开,有利于调动各级政府积极性,加大横向转移比重,应当逐步取消税收返还、调整财力性转移支付、科学界定专项转移支付标准、对转移支付立法。裴长洪、杨志勇认为中央对新疆转移支付设计思路应该符合新疆的特点,表现为服从未来新疆的经济建设战略定位,扩大转移支付规模,取消专项资金配套要求并更多考虑造血机制形成。伍文中和杨晓萌则分别专门讨论了政府间横向转制支付制度建设。②

随着转移支付规模的膨胀,经济学界对其宏观经济效应的研究也越来越多。目前的研究重点是转移支付的区域均衡化效应。一种观点认为,中央转移支付在均等省际财力差距中起到了一定的均衡作用。③ 更多的文献对此持否定态度。刘溶沧和焦国华发现,各地区在接受中央财政补助前后,地区间财政能力差异没有明显变化。马拴友和于红霞也认为,中央转移支付总体上不利于缩小地区差

---

① 齐守印:《建立我国政府间转移支付制度的初步构想》,《财政研究》1994年第9期;刘溶沧、焦国华:《地区间财政能力差异与转移支付制度创新》,《财贸经济》2002年第6期;曾军平:《政府间转移支付制度的财政平衡效应研究》,《经济研究》2000年第6期;李齐云、刘小勇:《分税制、转移支付与地区财政差距研究》,《财贸经济》2009年第12期;寇铁军:《完善我国政府间转移支付制度的若干思考》,《财贸经济》2004年第5期;刘尚希、李敏:《论政府间转移支付的分类》,《财贸经济》2006年第3期。

② 安体富:《中国转移支付制度:现状、问题、改革建议》,《财政研究》2007年第1期;裴长洪、杨志勇:《中央对新疆财政转移支付制度设计思路的转变》,《财政研究》2007年第5期;伍文中:《构建有中国特色的横向财政转移支付制度框架》,《财政研究》2012年第1期;杨晓萌:《中国生态补偿与横向转移支付制度的建立》,《财政研究》2013年第2期。

③ 曹俊文、罗良清:《转移支付的财政均等化效果实证分析》,《统计研究》2006年第1期。

距。曾军平通过比较 1994—1997 年转移支付前后省际人均财政收入和支出的 Gini 系数、变异系数发现，转移支付后的不均等指标上升。乔宝云等发现，现行转移支付制度抑制了地方财政的努力程度，富裕地区与贫穷地区的地方政府财政努力行为差异，导致地区人均财政收入差距的进一步扩大。傅勇也发现，财政转移支付不仅未缩小地区间财力差距，反而导致了区域间财力的进一步不平衡。郭庆旺和贾俊雪认为，中央转移支付在促进中国地方公共服务发展和均等化中未能充分发挥作用。[①]

在区域均等化转移支付中，一个较为中肯的结论是：在 2002 年所得税分享制度改革之前，以税收返还为主的转移支付制度倾向于保护各地区既得的财政利益，总体上中央对地方的均等化转移支付规模较为有限，财政转移支付并未缩小地区间财力差距。随着近年来中央政府不断加大地区间财政分配关系调整，转移支付正在对平衡地区间财政能力发挥着越来越大的作用。[②]

转移支付对于经济发展方面的影响主要表现在几个方面：（1）促进了政府规模膨胀和财政供养人口增加。范子英、张军关注了中央财政转移支付所具有的粘蝇纸效应；付文林和沈坤荣认为目前的转移支付制度不仅会带来地方财政支出的粘蝇纸效应，还可能通过调整现有的财政支出结构，偏离转移支付的基本公共服务均等化目标。[③]

[①] 刘溶沧、焦国华：《地区间财政能力差异与转移支付制度创新》，《财贸经济》2002 年第 6 期；马拴友、于红霞：《转移支付与地区经济收敛》，《经济研究》2003 年第 3 期；曾军平：《政府间转移支付制度的财政平衡效应研究》，《经济研究》2000 年第 6 期；乔宝云、范剑勇、彭骥鸣：《政府间转移支付与地方财政努力》，《管理世界》2006 年第 3 期；傅勇：《财政分权改革提高了地方财政激励强度吗?》，《财贸经济》2008 年第 7 期；郭庆旺、贾俊雪：《中央财政转移支付与地方公共服务提供》，《世界经济》2008 年第 9 期。

[②] 贾康、白景明：《县乡财政解困与财政体制创新》，《经济研究》2002 年第 2 期；尹恒、朱虹：《中国县级地区财力缺口与转移支付的均等性》，《管理世界》2009 年第 4 期；付文林、沈坤荣：《均等化转移支付与地方财政支出结构》，《经济研究》2012 年第 5 期。

[③] 范子英、张军：《粘蝇纸效应：对地方政府规模膨胀的一种解释》，《中国工业经济》2010 年第 12 期；付文林、沈坤荣：《均等化转移支付与地方财政支出结构》，《经济研究》2012 年第 5 期。

(2) 区域分割下的全国市场整合。在"诸侯经济"背景下,地方政府采取分割的理性政策主要是出于财政收入的考虑,随着加入WTO的推进,地方政府确实更加倾向于利用国际贸易替代国内贸易,放弃在国内市场上的规模效应。① 转移支付则可以割断市场分割和财政收入之间的联系,降低地方政府的割据行为。范子英和张军发现转移支付能够显著带来国内市场整合,其中三大转移支付中的专项转移支付的作用最显著也最大。②(3)纵向竞争加剧,造成效率损失。范子英和张军发现,转移支付政策可能降低经济增长的潜力,李永友和沈玉平发现大规模收入集中对经济发达地区产生了明显的增长抑制。③

在中国地方政府周期特征研究文献方面,方红生和张军对1994—2004年27个省份的面板数据的估计表明,在衰退期地方政府执行的是非常积极的反周期性财政政策——实际GDP每低于潜在GDP一个百分点,地方政府的政府支出占GDP的比重将会平均增加约1.7个百分点;在繁荣期,中国地方政府执行的是顺周期性财政政策——实际GDP每高于潜在GDP一个百分点,中国地方政府的政府支出占GDP的比重将会平均增加约0.25个百分点。④ 分区域来看,东部和中部地区明显采用的都是在衰退期比繁荣期更为积极的"扩张偏向的财政政策":实际GDP每低于潜在GDP一个百分点,东、中、西部地方政府的政府支出占GDP的比重将会平均增加约1.3个百分点、1.75个百分点和2.18个百分点,实际GDP每高于潜在GDP一个百分点,东、中地方政府的政府支出占GDP的比重将会平均增加约0.32个百分点、

---

① 黄玖立、李坤望:《出口开放、地区市场规模和经济增长》,《经济研究》2006年第6期;陆铭、陈钊:《分割市场的经济增长:为什么经济开放可能加剧地方保护?》,《经济研究》2009年第3期。
② 范子英、张军:《中国如何在平衡中牺牲了效率:转移支付的视角》,《世界经济》2010年第11期。
③ 范子英、张军:《财政分权、转移支付与国内市场整合》,《经济研究》2010年第3期;李永友、沈玉平:《转移支付与地方财政收支决策——基于省级面板数据的实证研究》,《管理世界》2009年第11期。
④ 方红生、张军:《中国地方政府竞争、预算软约束与扩张偏向的财政行为》,《经济研究》2009年第12期。

0.53 个百分点，西部地区在繁荣期并没有明显采用顺周期性财政政策，而是采用中性政策。Carmignani 和 Laurenceson 对全国和 31 个省（区、市）1978—2008 年的财政政策周期特征进行分析，发现中国的省级财政政策并不具有"凯恩斯效应"①：财政政策不是在稳定经济，而是在加剧宏观波动。图 4－3 是他们采用 HP 滤波和 BK 滤波对人均财政支出和人均实际 GDP 的相关性进行检验的结果，从中我们可以看到，尽管两种滤波方法得出的数据差别很大，但从整体上来看，除 BK 滤波中的新疆以外，中国所有省份 1978—2008 年的财政政策都是高度顺周期的。

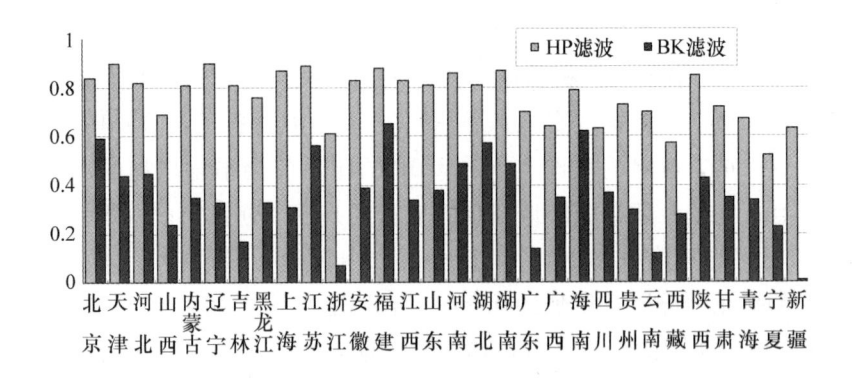

图 4－3　中国省级行政区财政政策的周期特征②

在对转移支付对于地方政府的实证研究中，Abbott 和 Jones 对 23 个 OECD 国家 1995—2006 年地方政府（sub-central government）的研究发现了地方政府比中央政府更加严重的财政政策顺周期问题。他们认为政府间转移支付助长了地方政府的贪婪效应（voracity effects）。③ 在财政联邦主义框架下，Végh 和 Vuletin 研究了阿根廷

---

① Fabrizio Carmignani and James Laurenceson, "Provincial Business Cycles and Fiscal Policy in China", *Economics of Transition*, Vol. 21, No. 2, 2013, pp. 323 – 340.
② Ibid..
③ Andrew Abbott and Philip Jones, "Intergovernmental Transfers and Procyclical Public Spending", *Economics Letters*, Vol. 115, 2012, pp. 447 – 451.

式以分税制下政府间税收共享和中央对地方税收返还为基本特征的有条件转移支付制度和美国式无条件转移支付制度下转移支付对于地方政府财政政策周期特征的影响:① 发现阿根廷地方政府的财政政策周期是非对称的,表现为支出面顺周期、收入面轻度逆周期,地方和联邦产出波动同步和联邦对地方有条件转移支付系数的增加,会导致地方政府财政政策顺周期程度增加;美国财政政策在收支两面都是顺周期的,联邦对地方转移支付比重的增加会增加地方政府的财政政策周期特征。从转制支付支出分类的周期特征来看,Hou 采用失业率和人均收入增长率分类衡量了 1950—2006 年美国 48 个州转移支付总额、福利、教育、高速公路、健康和失业保障转移支付及其滞后变量的周期特征,发现转移支付在总体设计上是非周期的,但是很容易产生顺周期效果。② 该文所设计的反周期政府间转移支付机制包括国家基础设施信托基金、反衰退公共服务储备基金和企业所得税减免。

可见,所有研究地方政府财政政策周期特征的文献都立足于解决同一个问题:相对于全国(联邦)而言,地方政府的财政政策是不是更加顺周期的?我们增加的第二个问题是:来自中央政府的转移支付在地方财政政策周期特征中起到了什么作用?③

我们首先分析了地方政府周期特征及其相对于全国周期特征的基本事实。分析结果显示,1980—2011 年,31 个省级地方政府中有 25 个财政支出呈现出顺周期特征,31 个省份预算支出的周期系数为 0.22,意味着经济增长率每高于潜在产出 1 个百分点,每个省份平均的财政支出比重会上升 0.22 个百分点。同时,全国财政政策周期系数为 0.37,高于地方 0.15 个百分点,意味着中央财政本级支出更加

---

① Carlos Végh and Guillermo Vuletin, "On the Cyclicality of Tax Rate Policy", University of Maryland and Colby College, Working Paper, 2011.
② Hou Yilin, *State Government Budget Stabilization: Policy, Tools, and Impacts*, Springer, 2013。
③ 见本书第三章关于财政政策周期特征文献综述的总结。

顺周期。

其次，1994年的分税制改革，总体上并没有显著增强地方政府逆周期调控的能力。但是相对于1994—2002年分税制的第一阶段，在2003—2011年所得税分享改革以后的分税制第二阶段，地方政府逆周期调控能力明显增强。在1980—2011年间，转移支付政策都是顺周期的：产出每高于潜在产出1万元，该地区所获得的转移支付就会增加0.48万元。分税制改革所带来的净转移支付稳定流向地方政府的格局，导致转移支付的周期系数从分税制之前逆周期调控进入顺周期阶段。进一步来看，不论是1994年的分税制改革，还是2002年的所得税分享改革，都使转移支付的周期特征不断恶化。也就是说，2002年以来中国地方政府财政支出政策周期特征的改善，并不是通过转移支付途径来实现的。

三 数据和方法

我们采用如下结构来估计

$$F_{i,t} = \alpha_i + \lambda_t + \beta F_{i,t-1} + \delta y_{i,t} + \gamma transfer_{i,t} + \mu X_{i,t} + \varepsilon_t \quad (4-1)$$

式中，i 表示地区，t 表示时间，F 表示财政变量的周期部分，y 表示产出变量周期部分，与 F 共同衡量财政政策周期特征，$transfer$ 表示转移支付，X 为控制变量。

在指标 F 上，文献主要从基本预算盈余（Primary Balance）[①]、政府支出（Government Expenditure）、政府消费（Government Consumption）等财政政策变量和以GDP衡量的产出来衡量财政政策周期特征。在中国地方政府财政政策变量选择上，方红生和张军使用了财政支出/GDP，这个变量的缺陷是在被解释变量中采用GDP作为分母，因而会低估财政政策周期波动。Carmignani 和 Laurenceson 使用了人均财政支出和人

[①] OECD统计术语，即不包含债务类收支的政府收支平衡。

均 GDP，我们则采用了一般预算支出。①

在转移支付的度量上，财政部各年度《中央对地方税收返还和转移支付决算表》提供了全国转移支付和各预算科目数据，但省级层面的数据并没有提供。按照省级面板分析的常用指标，②在地方层面上我们采用了地方一般预算支出减去地方一般预算收入作为转移支付数据，来源同上。研究期限是1980—2011年间，尤其关注了1994年以后的转移支付对于地方政府财政政策周期特征的影响。我们用价格指数对一般预算支出、地区 GDP 和转移支付进行平减，从而得到实际变量。在得到财政政策和产出周期分量上采用了 HP 滤波，方法是将实际变量取自然对数，然后在 STATA 中将平滑参数设定为6.25，然后得到了产出周期分量 $gdpc$ 和财政周期分量 gsc。全国层面的财政政策周期数据采用了财政支出和 GDP 两个指标。产出数据和财政预算收支数据来自《新中国60年统计资料汇编》和《中国统计年鉴2017》。

衡量转移支付对于地方政府周期特征的影响，一种自然而然的方式是直接衡量我们所定义的转移支付变量（一般预算支出减去一般预算收入）本身的周期特征。但遗憾的是，在1994年之前，地方政府基本都处在净上解阶段，其一般预算支出水平低于一般预算收入水平，从而政府间转移支付是一个负值，1994年后发生了根本改观。

---

① 方红生、张军：《中国地方政府竞争、预算软约束与扩张偏向的财政行为》，《经济研究》2009年第12期；方红生、张军：《中国地方政府扩张偏向的财政行为：观察与解释》，《经济学（季刊）》2009年第3期；Fabrizio Carmignani and James Laurenceson, "Provincial Business Cycles and Fiscal Policy in China", *Economics of Transition*, Vol. 21, No. 2, 2013, pp. 323 – 340。

② 范子英和张军采用了四个口径数据，包括中央补助/地方财政支出、（中央补助－税收返还）/地方财政支出、中央补助/地方财政收入、（地方财政支出—地方财政收入）/地方财政支出，发现结果是一致的。解垩、范子英和张军等还分别发文采用了财政部预算司《地方财政分析资料（2004）》中税收返还、均衡性转移支付和专项转移支付的数据，但是该数据仅包括28个省份，只更新到2004年，且不包括重庆、海南和西藏，我们没有采用。参见解垩《转移支付与公共品均等化分析》，《统计研究》2007年第6期；范子英、张军《中国如何在平衡中牺牲了效率：转移支付的视角》，《世界经济》2010年第11期；范子英、张军《财政分权、转移支付与国内市场整合》，《经济研究》2010年第3期；范子英、张军《粘纸效应：对地方政府规模膨胀的一种解释》，《中国工业经济》2010年第12期；范子英《转移支付、基础设施投资与腐败》，《经济社会体制比较》2013年第2期。

这使得我们不能采用标准的对数化处理方式来对待整个研究期限内的转移支付数据，所以我们采用了预算支出周期特征与预算收入周期特征的比较，这也是 Abbott 和 Jones 所做研究的核心。作为参考指标，我们也采用非对数化数据处理（平滑参数为 100）方式研究了转移支付的周期特征。在解释变量的部分，我们分析转移支付对于地方财政周期特征影响时，采用转移支付与预算支出的比值（transfer）来衡量转移支付。

为了得到实际变量，我们采用居民消费价格指数对 GDP 和财政数据进行平减。在《新中国 60 年统计资料汇编》中，有 23 个省份的居民消费价格指数公布涵盖了整个研究期间，内蒙古、浙江、安徽、江西、广东和四川 6 个省份的居民消费价格指数从 1984 年开始公布，辽宁开始于 1985 年、西藏开始于 1990 年，全国居民消费价格指数也是从 1985 年开始公布。居民消费价格指数的编制方法是上年度价格被假定为 100，使得我们可以将价格向前延伸 1 年，从而得到 GDP 和财政变量的真实数据。这样，我们的价格数据包括 23 个省份 1980—2011 年的全部数据、上述 6 个省份 1983 年以来的数据、辽宁 1984 年以来和西藏 1989 年以来的数据。转移支付数据比较整齐，两个省份除外。四川和福建的财政收入数据最早分别出现在 1985 年和 1995 年。

在控制变量 X 的选择上，方红生和张军采用了杨灿明、孙群力的贸易依存度条件标准差作为外部风险指标，[1] 我们则直接采用了国际贸易依存度 ext，等于进出口总额与 GDP 的比值。我们采用政府消费占 GDP 的比重 gsz 来控制政府规模对于财政政策周期特征的影响，主要是因为较大的政府规模往往具有较强的社会保障和社会安全网功能。[2] 我

---

[1] 方红生、张军：《中国地方政府竞争、预算软约束与扩张偏向的财政行为》，《经济研究》2009 年第 12 期；杨灿明、孙群力：《外部风险对中国地方政府规模的影响》，《经济研究》2008 年第 9 期。

[2] Dani Rodrik, "Why Do More Open Economies Have Bigger Governments?", *Journal of Political Economy*, Vol. 106, 1998, pp. 997 – 1032; Havard Halland and Michael Bleaney, "Explaining the Procyclicality of Fiscal Policy in Developing Countries", *CREDIT Research Paper*, No. 11/09, 2011.

们还增加了部分年份虚拟变量 year1994，year1998，year1999，year2002，year2003，year2008，year2009，year2010 等，用来衡量1994 年分税制改革、2002 年所得税分享改革和 1998—1999 年和 2008 年以来两次需求不足性经济危机的影响。

在估计方法选择上，标准的凯恩斯经济学模型中产出会对财政收入做出反馈，反应函数的变量具有内生性。如果简单地采用 OLS 估计上述反应函数，可能会带来估计偏差，这样我们衡量的是财政政策乘数而非周期性。采用工具变量变得很有必要，Alesina 等采用整个地区的产出波动作为工具变量，方红生和张军、Abbott 和 Jones 将反应函数看成一个动态面板数据模型并用系统广义矩方法对其进行估计。[1]

对于时间跨度相对于截面数较小的数据结构而言，采用动态面板数据处理技术是一个非常好的选择。[2] 目前有两种处理技术：一种是差分广义矩估计法，另一种是系统广义矩方法。差分广义矩估计法（First Differenced GMM，DIF - GMM）曾被广泛用来处理动态面板数据模型中的严重内生性问题。DIF-GMM 的基本思路是先对式（1）进行一阶差分以去掉固定效应的影响，然后用一组滞后的解释变量作为差分方程中相应变量的工具变量。[3] Blundell 和 Bond 认为，DIF-GMM 估计量较易受弱工具变量的影响而产生向下的大的有限样本偏差。[4] 为了改善这一缺陷，Blundell 和 Bond 提出了系统广义矩方法（System

---

[1] Alberto Alesina, Filipe Campante, Guido Tabellini, "Why is Fiscal Policy Often Procyclical?", *Journal of the European Economic Association*, Vol. 6, No. 5, 2008, pp. 1006 - 1036; 方红生、张军:《中国地方政府竞争、预算软约束与扩张偏向的财政行为》，《经济研究》2009 年第 12 期; Andrew Abbott and Philip Jones, "Intergovernmental Transfers and Procyclical Public Spending", *Economics Letters*, Vol. 115, 2012, pp. 447 - 451。

[2] David Roodman, "How To Do xtabond2: An Introduction to Difference and System GMM ni Stata", *The Stata Journal*, 2009.

[3] M. Arellano and S. Bond, "Some Tests of Specification for Panel Data: Monte Carlo Evidence and An Application to Employment Equations", *Review of Economic Studies*, Vol. 58, 1991, pp. 277 - 297.

[4] Richard Blundell and Stephen Bond, "Initial Conditions and Moment Restrictions in Dynamic Panel Data Models", *Journal of Econometrics*, Vol. 87, No. 1, 1998, pp. 115 - 143.

GMM，SYS-GMM）。SYS-GMM 估计量结合了差分方程和水平方程，还增加了一组滞后的差分变量作为水平方程相应变量的工具。相对来说，SYS-GMM 估计量具有更好的有限样本性质。

在理论层面，GMM 估计量（DIF-GMM 和 SYS-GMM）的一致性关键取决于各项假设条件是否满足，主要通过两个检验：第一个是 Hansen 过度识别约束检验，主要检测工具变量的有效性，其原假设是所使用的工具变量与误差项不相关；第二个是通过 Arellano-Bond 的自相关检验方法，对差分方程的随机误差项的二阶序列相关进行检验，其原假设是一阶差分方程的随机误差项中不存在二阶序列相关。如果不能拒绝上述检验的原假设则意味着工具变量有效和模型设定正确。对于 GMM 估计结果是否有效可行，Bond 等给出了一种简单的检验方法，[①] 即如果 GMM 估计量介于固定效应估计值和混合 OLS 估计值之间，则 GMM 估计量是可靠有效的。因为混合 OLS 估计量通常会导致向上偏误的滞后项系数，而在时间跨度较短的面板数据中，采用固定效应估计则会产生一个严重向下偏误的滞后项系数。这使得我们必须同时汇报三种估计的结果。为了保证结果有效性，Roodman 认为太多的工具变量数，可能过度拟合内生变量而不能去掉内生部分。[②] 因此我们控制了工具变量数目，使工具变量数不超过截面数。

四　31 个省份的财政政策周期特征描述

我们采用 1994 年以后的全国居民消费价格指数，平减了全国财政支出和 GDP 以观测全国层面 1985 年以后的财政政策周期特征，得到的相关系数为 0.37。意味着全国产出每高于潜在产出 1 个百分点，

[①] Stephen Bond, "Dynamic Panel Data Models: A Guide to Microdata Methods and Practice", CeMMAP Working Papers, CWP09/02, Centre for Microdata Methods and Practice, Institute for Fiscal Studies, 2002.

[②] David Roodman, "How To Do xtabond2: An Introduction to Difference and System GMM ni Stata", *The Stata Journal*, 2009.

财政支出会增加0.37个百分点,图4-4是1980—2011年31个省份一般预算支出的周期特征,可以看到,除天津、黑龙江、西藏、四川、云南和山东6个省份出现逆周期以外,其余25个省份的财政支出都是顺周期的。31个省份预算支出的周期系数为0.22,意味着经济增长率每高于潜在产出1个百分点,每个省份平均的财政支出比重会上升0.22个百分点。与全国层面相比,虽然全国和地方政府都是采取了明显的顺周期财政政策,但是地方政府的顺周期系数低于全国0.15个百分点。毫无疑问,这是因为中央本级财政支出比地方财政支出更加顺周期。

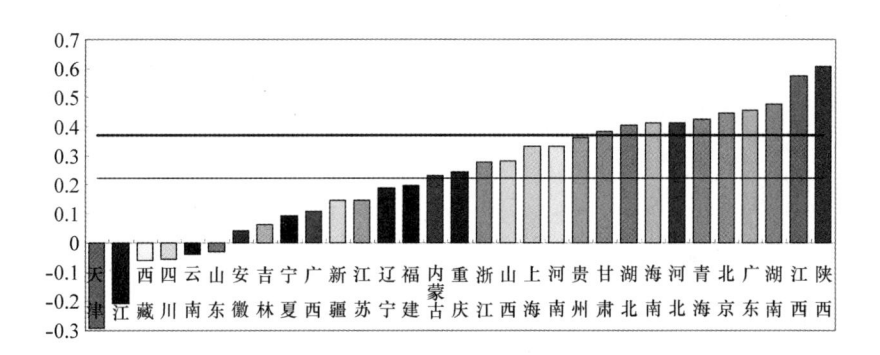

图4-4 31个省份的财政支出周期特征(1980—2011年)

说明:数据来自作者计算,粗细横线分别为全国财政政策周期系数和地方财政政策周期系数平均数。

在31个省份中,顺周期程度最高的是陕西、江西、湖南、广东和北京,意味着经济发展程度和由此所伴生的制度水平,可能并不是影响财政政策周期特征的主要因素。与全国财政政策相比,有21个省份的财政政策显示出较弱的反应强度,10个省份的反应程度较强。这使我们将分析重点放在了中央财政转移支付机制上,因为理论上中央财政所具有的区域互保机制,使其可以通过不同年份的上解收入和下放收入来实现区域经济调控,从而对区域经济周期起到逆周期调控的后果。

对于地方政府宏观调控而言,分税制改革的突出特点是:(1)导致了地方可掌握初始财力和本级政府宏观调控能力的变化。随着宏观税负的上升和上解中央政府收入比重的增加，地方政府本级的宏观调控能力弱化；(2) 导致了转移支付收入流方向的固定化。在分税制改革之前，虽然大部分省份都是处在"净上解"阶段（转移支付小于零），但是在时间序列上存在不同年份的周期性变化；例如1982年，有13个省份向中央政府净上解收入，16个省份明显获得了中央转移支付，虽然有3个规模很小；但是分税制改革后的2011年，所有的31个省份都在获得净转移支付。

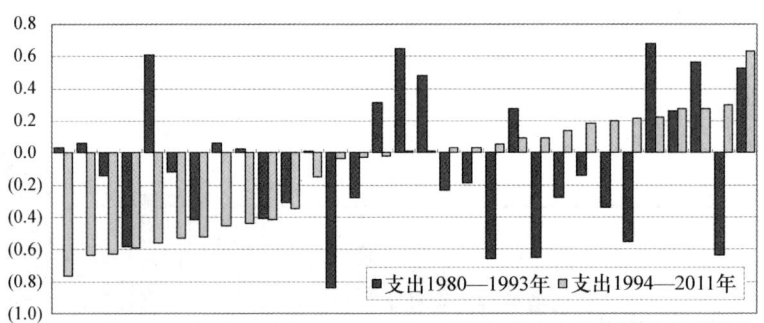

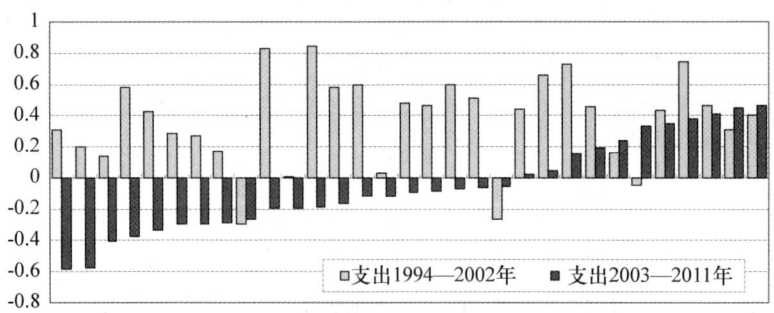

图 4-5 分税制前后的地方政府财政政策周期特征变化

说明：数据来自作者计算，上图两个时期分分税制前后，下图两个时期分2002年前后。

为了区分分税制改革对于地方政府财政支出周期特征的影响，我们以 1994 年为分界点，分别计算了 1980—1993 年和 1994—2011 年各省份财政支出和 GDP 中波动部分的相关系数 [见图 4-5 (a)]，两个时期地方政府周期系数分别为 -0.07 和 -0.11，全国分别为 0.64 (1984—1993 年) 和 -0.18，分税制以前的地方政府周期特征优于全国，但分税制改革后显示出比全国较弱的逆周期调控。1980—1993 年财政支出呈现出逆周期特征的省份共有 17 个，到 1994—2011 年减少到 15 个。分税制所带来的周期政策周期特征转变非常显著，在分税制之前呈现逆周期调控的省份中，有 7 个在下一个时期重新进入顺周期阶段，顺周期转换率为 41.18%，包括内蒙古、浙江、福建、山东、河南、重庆和新疆。在分税制之前呈现顺周期特征的 14 个省份中，有 5 个进入逆周期调控，逆周期转换率为 35.71%。顺周期转换率和逆周期转换率基本相等，意味着分税制对于地方政府的财政政策周期特征并没有明显的改善，相对于全国层面而言，具有集权性质的分税制改革有弱化地方政府逆周期调控特征的趋势。

现有文献关注了中央政府的转移支付政策在 2002 年所得税分享调整后出现了明显转变，即从第一阶段以税收返还为主的妥协性政策转向第二阶段以区域基本公共服务均等化为走向的一般性转移支付和专项转移支付。[①] 我们专门分析了以 2002 年为分界的财政政策周期特征转变 [见图 4-5 (b)]，发现两个时期的财政政策周期系数分别为 0.37 和 -0.06，全国层面的数据则分别为 -0.20 和 -0.19，依然明显优于地方财政反应系数，尤其是在分税制第一阶段。也就是说，在分税制第一阶段，财政上收导致了地方政府相对于中央财政支出周期特征的明显恶化。在分税制第二阶段，随着宏观税负的不断上升和中央财力的明显增强，地方财政政策实现逆周期调控的省份从 3 个增加到 20 个，财政调控能力得到了明显改善。在第一阶段逆周期调控的 3

---

① 尹恒、朱虹:《中国县级地区财力缺口与转移支付的均等性》,《管理世界》2009 年第 4 期; 付文林、沈坤荣:《均等化转移支付与地方财政支出结构》,《经济研究》2012 年第 5 期。

个省份天津、安徽和西藏中,除了安徽外,都继续保持了逆周期调控的特征。尽管较分税制第一阶段有了明显进步,但相对于全国财政而言,逆周期调控能力依然较弱。

表 4 – 1　　　　地方政府支出政策的周期特征与区域差别

变量	时期	观测值	均值	标准差	最小值	最大值
全国	1980—2011	31	0.22	0.22	-0.29	0.61
	1980—1993	31	-0.07	0.43	-0.84	0.68
	1994—2011	31	-0.11	0.36	-0.76	0.63
	1994—2002	31	0.37	0.29	-0.30	0.84
	2002—2011	31	-0.06	0.29	-0.59	0.46
东部	1980—2011	11	0.23	0.23	-0.29	0.45
	1980—1993	11	-0.09	0.52	-0.84	0.64
	1994—2011	11	0.12	0.29	-0.53	0.63
	1994—2002	11	0.30	0.27	-0.30	0.66
	2002—2011	11	0.01	0.34	-0.57	0.46
中部	1980—2011	8	0.25	0.26	-0.21	0.57
	1980—1993	8	-0.06	0.44	-0.58	0.61
	1994—2011	8	-0.27	0.35	-0.76	0.21
	1994—2002	8	0.42	0.27	-0.05	0.83
	2002—2011	8	-0.07	0.31	-0.59	0.35
西部	1980—2011	12	0.20	0.21	-0.06	0.61
	1980—1993	12	-0.06	0.37	-0.66	0.68
	1994—2011	12	-0.21	0.33	-0.64	0.22
	1994—2002	12	0.41	0.32	-0.26	0.84
	2002—2011	12	-0.11	0.24	-0.40	0.38

分区域来看,1980—2011 年间的财政政策顺周期特征并没有区域差别。[①] 在市场化改革的初期(1980—1993 年),全国和各地区都顺

---

① 我们执行的分类标准是:东部 11 省份包括:北京、天津、河北、辽宁、上海、江苏、浙江、福建、山东、广东和海南;中部 8 省份包括:山西、吉林、黑龙江、安徽、江西、河南、湖北和湖南;西部 12 省份包括:内蒙古、广西、重庆、四川、贵州、云南、西藏、陕西、甘肃、青海、宁夏和新疆。

利地、几乎程度相同地进入了逆周期调控。但是分税制改革改变了区域格局和各地区发展态势。东部地区向明显的顺周期调控回归(0.12)，中部和西部地区则进入了逆周期调控。1994—2011年，产出每高于潜在产出1个百分点，中部和西部地区的财政支出就会分别下降0.27个百分点和0.21个百分点。在分税制改革第一阶段，三大地区都在执行顺周期调控。2002年所得税分享改革后，东部西区继续执行顺周期调控，但是中部和西部地区则进入逆周期调控时期。从时间上来看，这与"西部大开发"和"中部崛起"的时间基本吻合。受到"西部大开发"的资金支持，西部地区更好地解决了逆周期调控的融资问题，导致西部的逆周期调控能力高于中部，这与方红生、张军的发现相吻合。[①]

五 转移支付政策的周期特征

在地方政府周期特征及其动态变化中，转移支付充当了什么角色？我们从两个方面加以观察。第一个方面是从转移支付本身数值来看，我们直接计算了改革开放以来（1980—2011年）、分税制前后（1980—1993年和1994—2011年）、分税制第一阶段（1994—2002年）和分税制第二阶段（2003—2011年）五个时期的转移支付政策周期特征的基本情况。由于转移支付在1994年以前很多区域、很长时期是负值，所以只能采用原值而不能取对数。我们在HP滤波中将平滑参数设定为100以得到其周期分量，对产出也做类似处理，这样就得到了转移支付的周期特征。

从转移支付本身来看，在整个时期1980—2011年遵循了显著的顺周期特征，顺周期程度高达0.48。也就是说，1980—2011年间某个省份的产出每高于潜在产出1万元，该地区所获得的转移支付就

[①] 方红生、张军：《中国地方政府竞争、预算软约束与扩张偏向的财政行为》，《经济研究》2009年第12期。

会增加 0.48 万元。分阶段来看，分税制之前，这个系数会变化为 −0.07，从而意味着转移支付处于逆周期调控阶段，但是分税制之后，转移支付总体进入顺周期阶段。2002 年的所得税分享改革，不但没有使转移支付进入逆周期调控，反而加大了顺周期反应系数。

从区域来看（见表 4−2），东中西部地区转移支付在 1980—2011 年整个研究期限内都处于顺周期状态，其中东部地区顺周期系数（0.30）略小于中部（0.55）和西部（0.61）地区。在分税制之前，市场化的改革已经使东部地区的转移支付告别了顺周期情况。1980—1993 年间，东部地区产出每高于潜在产出 1 万元，所获得的转移支付就会减少 0.29 万元，但是中部还处在顺周期水平。分税制改革导致东中西部都进入转移支付顺周期阶段，其中东部地区转变最为明显，顺周期系数上升到 0.34，中部地区则从 0.14 上升到 0.56，西部地区从 −0.01 增加到 0.63。

表 4−2　　　　　　　　转移支付政策的周期特征

变量	时期	观测值	均值	标准差	最小值	最大值
全国	1980—2011	31	0.48	0.28	−0.28	0.87
	1980—1993	31	−0.07	0.40	−0.78	0.53
	1994—2011	31	0.51	0.28	−0.22	0.89
	1994—2002	31	0.12	0.46	−0.81	0.87
	2002—2011	31	0.54	0.33	−0.50	0.91
东部	1980—2011	11	0.30	0.29	−0.28	0.75
	1980—1993	11	−0.29	0.41	−0.78	0.50
	1994—2011	11	0.34	0.28	−0.22	0.76
	1994—2002	11	0.46	0.28	0.13	0.87
	2002—2011	11	0.33	0.36	−0.50	0.78
中部	1980—2011	8	0.55	0.29	0.06	0.87
	1980—1993	8	0.14	0.20	−0.15	0.41
	1994—2011	8	0.56	0.30	0.06	0.89
	1994—2002	8	0.18	0.32	−0.18	0.65
	2002—2011	8	0.58	0.30	0.07	0.91

续表

变量	时期	观测值	均值	标准差	最小值	最大值
西部	1980—2011	12	0.61	0.19	0.24	0.83
	1980—1993	12	-0.01	0.43	-0.76	0.53
	1994—2011	12	0.63	0.20	0.23	0.85
	1994—2002	12	-0.24	0.41	-0.81	0.48
	2002—2011	12	0.70	0.21	0.28	0.90

说明：数据来自作者计算。

2002年进一步集权的所得税分享改革和其所伴随的"西部大开发""中部崛起"战略，总体上并没有改善三大区域的财政政策周期特征：虽然东部的顺周期程度略有下降（0.46→0.33），但是中部地区的顺周期系数从0.18增加到0.58，西部地区转移支付从逆周期（-0.24）变为高度顺周期（0.70）。

六 转移支付与地方政府财政政策周期特征

全国数据1980—2011年估计的结果证实了财政政策顺周期特征广泛存在。过去30年间，财政政策周期系数在0.4—0.5，这个系数比我们直接采用相关系数得到的0.22要高一倍左右。政府规模、对外贸易依存度的增加，都会显著增强财政政策的顺周期调控特征。外贸依存度的增加，通过放大国际风险，导致财政政策顺周期程度的增加。但是政府规模的系数却与国际比较截然相反，相对于国际范围内政府规模增加有利于缓解财政政策周期特征来说，中国政府规模的扩大却在放大周期波动。这可能是由于两种效应的存在：第一是地方政府财政支出的作用机制与其他国家不同，资本和投资性支出远远超过了其他国家；第二是对于地方政府来说，预算内财政支出的增加主要是用于供养更多的财政人口，而更多的财政供给人口用于更大范围的招商引资，增大周期波动。这个特征也可以从财政变量变化的滞后1期系数为正看出来，财政政策很难在短期内实现凯恩斯主义所预言的、在经济周期不同阶段的灵活快速转换。

表4-3　转移支付与地方政府财政政策周期特征（全国数据）

被解释变量 gsc

估计方法	OLS				FE			
gsc_{-1}	0.126*** (3.40)	0.100*** (2.60)	0.110*** (2.91)	0.085** (2.18)	0.125*** (4.67)	0.100*** (3.43)	0.107*** (3.98)	0.083** (2.80)
$gdpc$	0.389*** (5.19)	0.486*** (6.24)	0.386*** (4.98)	0.518*** (6.52)	0.387*** (5.84)	0.482*** (7.08)	0.386*** (5.87)	0.532*** (7.57)
$transfer$	0.009** (2.55)	0.006* (1.66)	0.006* (1.64)	0.006 (1.44)	0.013*** (2.93)	0.010*** (3.20)	0.011** (2.62)	
gsz			0.076** (2.00)	0.073 (1.63)			0.175*** (3.18)	0.158*** (3.27)
ext			0.002 (0.73)	0.008*** (3.15)			-0.001 (-0.26)	0.012*** (2.73)
$pgdp$			0.0004 (0.09)	-0.012*** (-3.40)			-0.002 (-0.83)	-0.019*** (-4.40)
$year1994$		-0.033*** (-3.49)		-0.043*** (-5.01)		-0.034*** (-3.56)		-0.046*** (-5.46)
$year1998$		-0.003 (-0.57)		-0.001 (-0.21)		-0.003 (-0.77)		-0.001 (-0.26)

续表

估计方法	被解释变量 *gsc*							
	OLS				FE			
*year*1999		0.013 * (1.92)		0.017 *** (2.75)		0.012 * (1.97)		0.017 *** (2.76)
*year*2002		0.063 *** (6.08)		0.066 *** (6.35)		0.062 *** (5.65)		0.065 *** (5.41)
*year*2003		-0.004 (-0.63)		-0.002 (-0.22)		-0.005 (-0.86)		-0.003 (-0.35)
*year*2008		-0.012 (-1.61)		-0.004 (-0.47)		-0.013 * (-1.70)		-0.0006 (-0.07)
*year*2009		0.038 *** (5.41)		0.052 *** (6.15)		0.037 *** (3.43)		0.058 *** (6.88)
*year*2010		0.046 *** (3.29)		0.061 *** (4.10)		0.045 *** (4.17)		0.066 *** (3.82)
常数	有	有	有	有	有	有		有
R^2	0.066	0.141	0.063	0.158				0.158
F 统计量	17.55 [0.000]	12.56 [0.000]	8.04 [0.000]	10.93 [0.000]	21.99 [0.000]	32.12 [0.000]		12.25 [0.000]
观察值数	914	914	886	886	914	914	886	886

说明：①"***"、"**"和"*"分别表示在1%、5%和10%的显著性水平下显著，表中"( )"内数据为异方差稳健的 *t* 统计量；"[ ]"内数据为 *p* 值。

1980—2011 年间，转移支付具有明显放大地方政府财政政策周期系数的效果。转移支付/预算支出每增加 1 个百分点，财政政策顺周期程度会增加 1.2%—3.4%（0.006/0.486，0.013/0.387）。由于转移支付和政府规模具有明显的正相关关系（0.31，见附录 2），政府规模的引入会降低转移支付的显著性。同时，经济增长和居民收入水平的增加，具有一定的缓解顺周期能力，符合"经济周期毕业说"。

表 4-4　转移支付与地方政府财政政策周期特征（广义矩估计）

估计方法	被解释变量 gsc					
	GMM	Two-step GMM	GMM	Two-step GMM	GMM	GMM
gsc_{-1}	0.124*** (4.72)	0.115*** (2.48)	0.065** (2.10)	0.070 (2.10)	0.105*** (3.98)	0.041 (1.41)
$gdpc$	0.413*** (6.63)	0.416*** (5.33)	0.540*** (8.17)	0.538*** (5.24)	0.402** (5.87)	0.516*** (8.10)
$transfer$	0.011*** (3.24)	0.010*** (2.93)	0.015*** (2.75)	0.058 (0.70)	0.009*** (2.78)	0.021** (2.55)
gsz					0.081*** (2.83)	0.069*** (2.73)
ext					-0.003** (-2.27)	0.003 (1.73)
$pgdp$					-0.0003 (-0.24)	0.014*** (3.88)
$year1994$			-0.046*** (-10.42)	-0.061* (-1.67)		-0.059*** (-10.12)
$year1998$			0.026*** (3.92)	0.908 (0.50)		0.025*** (3.82)
$year1999$			0.030*** (4.73)			0.025*** (3.73)
$year2002$			0.040*** (3.84)	0.036*** (2.79)		0.036*** (3.40)

续表

估计方法	被解释变量 gsc					
	GMM	Two-step GMM	GMM	Two-step GMM	GMM	GMM
year2003			-0.080 (-6.92)	-0.079*** (-2.85)		-0.087*** (-0.86)
year2008			-0.001* (-1.70)	-3.795 (-0.47)		-0.004 (-0.43)
year2009			0.052*** (7.68)	0.923 (0.49)		0.050*** (7.51)
year2010			-0.030** (-2.26)	-0.030 (-1.57)		-0.032*** (-3.21)
常数	有	有	有	有	有	有
m_1	[0.000]	[0.000]	[0.000]	[0.633]	[0.000]	[0.000]
m_2	[0.201]	[0.381]	[0.236]	[0.177]	[0.231]	[0.310]
Sargan 检验	[0.000]	[0.000]	[0.000]	[0.000]	[0.000]	[0.000]
Hansen 值	[1.000]	[1.000]	[1.000]	[1.000]	[1.000]	[1.000]
观察值数	914	914	914	914	886	914

说明：①"***"、"**"、"*"分别表示在1％、5％和10％的显著性水平下显著，表中"（）"内数据为异方差稳健的 t 统计量；"［］"内数据为 p 值。在同方差假设条件下，用 Sargan 统计量来检验矩条件是否存在过度识别，原假设为差分 GMM 工具变量为正确的，在表中汇报了 p 值；Sargan 检验是用来验证系统 GMM 估计所施加的额外工具变量（水平方程）的有效性，在表中也给出了对应的概率值。m1 和 m2 分别代表 Arellano – Bond AR（1）和 AR（2）的检验统计量，用于考察一次差分残差序列是否存在一阶和二阶自相关，其原假设为不存在自相关。

1994 年分税制改革和 2002 年所得税分享改革对于财政政策周期特征产生了重要影响，但二者的方向是相反的。无论采用何种方式衡量，1994 年的分税制改革都具有显著改善财政支出顺周期的情况，但是 2002 年的所得税分享改革却起到了相反的效果，且显著性更高，强度是分税制改革的 1.5—2 倍。也就是说，相对于分税制初期对于地方政府支出顺周期的缓解来说，2002 年以后的所得税分享，已经完全扭转了前期制度变革对于财政政策宏观调控的优化作用。广义矩估计的结果有效，并且更加稳健，周期反应系数更高，转移支付的顺周期作用，分税制改革和所得税分享对于财政政策周期特征的影响也都和混合截面估计、面板固定效应估计差别不大。

在 1998 年和 2008 年两轮经济危机中，我们的直觉财政政策反应快，每一次经济危机的当年，快速的逆周期调控都对宏观经济稳定产生了重要作用。但实际上，比金融危机当年逆周期调控的特征更加明显的，是从第二年就开始的顺周期调控特征：在每一个经济危机的第二年，财政政策开始放大经济波动。这种情况的产生可能是由于两个原因：（1）不知彼：对于宏观经济形势判断不准确；（2）不知己：对于反危机措施评估不准确。财政的反危机支出以投资性支出为主，存在投资周期问题，在经济复苏后依然在扩张，放大了市场波动。

从区域的角度来看（见表 4-5），尽管三个地区的财政政策都显示出明显的顺周期特性，但是东部地区财政政策自我扩张的特性要远远小于中西部地区。三个地区的顺周期系数自东向西微弱递增，产出每高于潜在产出 1 个百分点，东中部的财政支出会增加 0.4 个百分点左右，而西部地区的增长则有接近 0.5 个百分点的趋势，总体差别不是很大。

分区域来看，从固定效应估计与混合截面 OLS 估计的差别来看，中西部地区的异质性比东部更加显著。三大区域中，政府规模、人均 GDP 和外部冲击都没有对财政政策周期特征产生显著影响。转移支付对于中东部地区都具有放大经济周期的作用，其中中部地区最为明显，是东部地区的 4—5 倍。但是在以民族聚集地为主的西部地区，转移支付却具有了逆周期调控的作用。

三大区域中，分税制改革依然具有明显的缓解顺周期波动的作用，但是区域有别，中部地区最为明显，强度也最高，西部地区最差。2002 年的所得税分享改革在西部地区明显具有放大财政政策顺周期的含义。

第四章　分税制、转移支付与地方政府财政政策的周期特征

表4-5　转移支付与地方政府财政政策周期特征（1980—2011年东中西部三大地区）

	被解释变量 gsc											
估计方法	东部				中部				西部			
	OLS	FE	OLS	FE	OLS	FE	OLS	FE	OLS	FE	OLS	FE
gsc_{-1}	0.032 (0.50)	0.013 (0.20)	0.031 (0.58)	0.013 (0.63)	0.143** (2.30)	0.166*** (2.64)	0.144** (2.72)	0.169** (3.29)	0.177*** (2.83)	0.089 (1.33)	0.175*** (4.89)	0.085 (1.79)
$gdpc$	0.394*** (3.21)	0.422*** (3.27)	0.392*** (3.89)	0.428*** (4.14)	0.388** (2.31)	0.379** (2.27)	0.387** (2.27)	0.379* (2.21)	0.410*** (3.74)	0.522*** (4.55)	0.412*** (4.03)	0.533*** (5.05)
$transfer$	0.009** (2.04)	0.007 (1.61)	0.011*** (3.26)	0.010** (2.99)	0.034** (2.24)	0.059** (2.09)	0.037*** (4.66)	0.078** (2.98)	0.015 (1.01)	-0.017 (-0.66)	0.027*** (4.41)	-0.006 (-0.29)
gsz			0.073 (1.61)	0.011 (1.63)			0.187 (1.10)	0.154 (1.03)			0.077 (0.95)	0.145 (2.85)
ext			0.002 (0.59)	0.002 (3.15)			0.010 (0.27)	0.002 (3.15)			-0.005 (-0.66)	-0.006 (-1.10)
$pgdp$			-0.0008 (-0.15)	-0.003 (-1.02)			-0.020 (-1.91)	-0.027*** (-4.68)			0.006 (0.55)	0.0012 (0.26)
$year1994$			-0.037** (-2.34)	-0.039*** (-2.85)			-0.075*** (-4.33)	-0.082*** (-2.85)			-0.027* (-1.65)	-0.027** (-2.51)

116　中国财政政策周期特征研究

续表

估计方法	东部		中部		西部	
	OLS	FE	OLS	FE	OLS	FE
year2002	0.018*	0.018	0.025*	0.023	0.111***	0.110***
	(1.84)	(1.67)	(1.76)	(1.43)	(6.32)	(5.52)
常数	有	有	有	有	有	有
R^2	0.072	0.091	0.083	0.148	0.072	0.176
F 统计量	5.15	14.40	7.48	16.33	8.85	13.07
	[0.002]	[0.001]	[0.000]	[0.002]	[0.000]	[0.001]
	2.62	47.86	8.95	47.86	10.23	27.66
	[0.009]	[0.000]	[0.009]	[0.000]	[0.000]	[0.000]
观察值数	317	309	242	242	355	335

说明：① "***" "**" "*" 分别表示在 1%、5% 和 10% 的显著性水平下显著，表中 "( )" 内数据为异方差稳健的 t 统计量； "[ ]" 内数据为 p 值。

第五章

走出顺周期财政调控的
国际经验与政策选择

在财政政策周期特征的研究中,以美国为代表的发达国家,始终呈现出良好的逆周期财政政策周期态势,而智利等国家则取得了明显的进步,逐步从财政政策顺周期中"毕业"①。本章集中探讨两类国家摆脱财政政策周期的经验,并希望对缓解中国财政政策的顺周期特征有所帮助。

本章选择两个国家的原因基于其财政收入结构的差别:美国财政收入以税收为主,尤其是直接税,属于典型的税收国家;而智利财政收入的很大部分来自资源出口,属于典型的租金国家。我们可以将美国财政收支和智利财政收支近似地等同于中国的公共财政预算和以土地出让收入为主体的政府预算,而国有资本经营预算和对应的国有企业改革,则依赖于更深刻的体制变革。

一 美国财政政策的演变

以扩大财政支出为核心的财政政策,曾经是"二战"后世界各国反周期宏观经济政策的重要内容,但是从 20 世纪 80 年代开始,以美

---

① Jeffrey Frankel, Carlos Végh and Guillermo Vuletin, "On Graduation from Fiscal Procyclicality", *Journal of Development Economics*, Vol. 100, No. 1, Jan. 2013, pp. 32–47.

国和欧洲等为代表的发达经济体已经很少采用,① 90 年代后减税作为反周期调控的措施也很少再采用,② 取而代之的是越来越精确的货币政策。③ 在 80 年代的减税之后,1992 年和 1993 年,美国国会相继否决了布什和克林顿两位总统的反周期财政政策刺激法案,标志着美国财政政策正式退出美国的宏观调控舞台。④ 反周期的相机决策被认为既非必须,在政治上也不可行。⑤

在战争时代结束和民众对总统的个人英雄主义淡出后,财政目标的内在冲突导致了上述结果的出现。在短期财政政策和长期财政制度之间存在着以信息为基本载体的冲突机制,即宏观调控所强调的信息不对称和财政制度所强调的信息公开透明之间存在根本冲突。20 世纪后半期美国公共选择思潮的兴起导致的预算权力强化和财政平衡回归,成为财政政策退出宏观调控的根本原因。

(一) 财政政策宏观调控:事实

"二战"以后发达国家财政扩张的趋势并没有停止,而是趋于常态化并维持了近半个世纪。⑥ 这违背了罗斯福在"大萧条"中首次当

---

① M. Solow, "Rethinking Fiscal Policy", *Oxford Review of Economic Policy*, Vol. 21, No. 4, 2005, pp. 509 – 514.

② Christina Romer and David Romer, "A Narrative Analysis of Postwar Tax Changes", Unpublished, Working Paper, University of California, 2009; Christina Romer and David Romer, "The Macroeconomic Effects of Tax Changes: Estimates Based on a New Measure of Fiscal Shocks", *American Economic Review*, Vol. 100, 2010 (June), pp. 763 – 801.

③ M. Goodfriend, "How the World Achieved Consensus on Monetary Policy", *Journal of Economic Perspectives*, Vol. 21, No. 4, 2007, Fall, pp. 47 – 68.

④ John Taylor, "Reassessing Discretionary Fiscal Policy", *Journal of Economic Perspectives*, Vol. 14, No. 3, 2000, Summer, pp. 21 – 36.

⑤ Martin Eichenbaum, "Some Thoughts on Practical Stabilization Policy", *The American Economic Review*, Vol. 87, No. 2, 1997, May, pp. 236 – 239.

⑥ 这个财政扩张时期从 1933 年罗斯福第一次当选总统到 1980 年里根当选总统,将近 50 年(参见 [美] 赫伯特·斯坦《美国总统经济史:从罗斯福到克林顿》,金清译,吉林人民出版社 2011 年版,第 1 页)。

选总统的就职演说中要求国会授权时所提到的"紧急战争"思路。①
在"大萧条"的1929年到1933年,美国的实际产出下降了27%,
由于伴随着高达36%的通缩,名义产出下降到原来的54%。② 伴随深
度衰退出现了以支出来表示的政府规模迅速扩张,1933年美国政府
支出占GDP的比重从1929年的7.7%上升到16.3%,增加了一倍多
[见图5-1(b)]。之后在15%左右的水平上维持到大萧条结束,其
间还出现轻微下降的迹象。1941年日本偷袭珍珠港后美国正式卷入
"二战",到1945年"二战"结束时,战争融资所导致的美国财政支
出比重已经上升到35%,比1933年增加了一倍多。战争结束后,这
个比重开始逐渐下降到1947年的19%,依然高于1933年。这也是战
后美国政府支出占GDP比重的最低值,尽管其远远高于1933年大萧
条时的水平。

从战后美国的历史来看,20世纪50年代的美国财政和货币政策
比较温和,控制通胀是其目标。60年代开始,更加激进的"认为市
场本身就存在缺陷"的加尔布雷斯主义取代了"在自由市场基础上
运行的"凯恩斯主义,管制计划和反贫困计划迅猛扩张,国家对经济
进行更多的干预以进行收入再分配,制定"工资指导线"这类干预
市场微观运行的手段也开始出现,"充分就业预算"从一个学术概念
正式进入宏观政策,平衡预算规则被肯尼迪和约翰逊彻底放弃,更

---

① 从1933年到1945年,罗斯福四次当选美国总统。1933年3月4日,罗斯福在首次当选总统的就职演说中提到:"我将要求国会授予我一件足以应付目前危机的武器,这就是,让我拥有足以对紧急事态发动大战的广泛行政权。这种授权之大,要如同我们遭受外敌侵略时一样。"(见[美]赫伯特·斯坦《美国总统经济史:从罗斯福到克林顿》,金清译,吉林人民出版社2011年版,译序第2页)很明显,罗斯福将"大萧条"比喻成了外敌入侵。

② 大萧条(1929—1939年)是发自美国、扩散到整个西方发达国家的最持久的深度衰退,1933年是大萧条最严重的年份,随后各国经济体开始缓慢复苏。本书的数据来自美国经济分析局,Romer估计从1929—1933年产出下降30%,工业产出下降47%,通缩程度为33%。大萧条使世界各国开始注重宏观经济健康,本书从美国经济分析局BEA获得的最早的宏观经济数据就起始于1929年。参见Christina Romer, *The Great Depression*, Encyclopaedia Britannica, 2003。

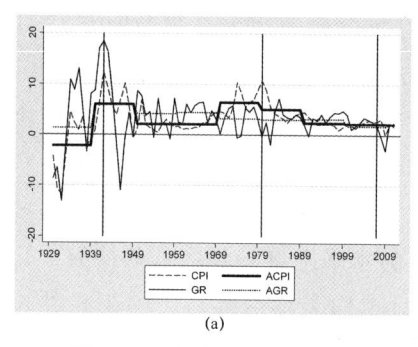

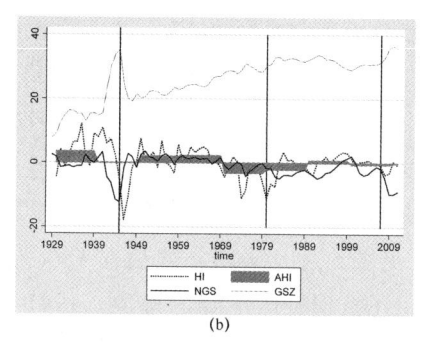

图5-1 大萧条以后的美国政府规模、宏观经济表现与国民幸福指数

说明：图（a）的四个指标分别为通过膨胀率CPI和GDP增长率GR及其各自在每一个十年内的平均值ACPI和AGR，图（b）是政府规模GSZ政府净储蓄率NGS和幸福指数HI及其每十年平均值。左图标记的三个年份分别是1942年、1980年和2007年，右图分别是1945年、1980年和2007年。数据来自美国经济分析局BEA。

加积极的财政和货币政策被持续使用以刺激经济快速增长。①

1942年，美国商务部同意成立经济计划委员会，政府有责任以财政和货币政策来稳定总需求的概念得到广泛传播。从十年平均数来看，战争期间美国经济的平均增长率从大萧条十年的1.31%增加到20世纪40年代的6%左右（见表5-1）。"二战"结束的两个十年内，美国经济的平均规模增长率保持在4%左右，几乎是其长期增长率的2倍。伴随政府规模扩张带来的是通货膨胀的长期化倾向，从20世纪50—60年代的2%的爬升通胀上升到70年代的6.44%而趋于恶性化，导致整个70年代居民消费价格翻了一番。但是对美国经济产生长期影响的，是减税之后美国联邦政府膨胀的预算赤字和迅速攀高的债务水平。

---

① ［美］赫伯特·斯坦：《美国总统经济史：从罗斯福到克林顿》，金清译，吉林人民出版社2011年版；Christina Romer and David Romer, "The Evolution of Economic Understanding and Postwar Stabilization Policy in Rethinking Stabilization Policy", Kansas City: Federal Reserve Bank of Kansas City, 2002, pp. 11-78。

到 1980 年里根当选总统时，美国的 CPI 增长已经超过 10%。① 经济出现负增长是由于财政扩张所导致的需求过旺、通胀导致的投资机会减少和各种税率的普遍上升，导致家庭的新增收入大部分流向了政府，市场已经很难再找到投资机会。经济体供给能力开始下降，滞胀格局基本形成。由于财政扩张导致的通胀持续高涨走向不可控，20 世纪 70 年代的美国国民的幸福指数降到 20 世纪最低值 -3.18%，永久地告别了 50—60 年代 2% 左右的正值（见图 5-1）。在与前总统卡特的竞选最后角逐中，里根对美国人说："在你们决定选谁时，不妨自问一下，你们今天的生活是否比 4 年前更好？"② 民众和经济学家已经不再相信通胀是由于供给面因素所致，而是将其指向了总需求。③

伴随着里根以放松管制、推动市场化改革的供给经济学政策实施，美国经济在 1982 年开始重新步入健康增长，通货膨胀率逐步下降并逐步走出滞涨。20 世纪 70 年代，当美国经济学家和政策界尚未就宏观经济政策改革达成一致意见时，经济理论研究领域已经开始出现明显的变化：凯恩斯主义宏观经济学和干预主义微观经济学走向衰落，亚当·斯密时代兴起的市场导向经济学取而代之，并开始对宏观经济政策产生越来越大的影响。对于财政政策平抑周期功能的研究仅仅局限于投资税收抵免和折旧补贴，④ 财政作为公共部门运转血液的首要问题变成依靠税收、公债和支出的动态变化来实现为公共部门以财政平衡为核心的可持续运行研究。

在里根的直接影响下，20 世纪 80 年代美国宏观经济政策发生了

---

① 1974 年和 1980 年，美国的通货膨胀率两次超过 10%。参见 M. Goodfriend, "How the World Achieved Consensus on Monetary Policy", *Journal of Economic Perspectives*, Vol. 21, No. 4, 2007, Fall, pp. 47-68。

② [美] 赫伯特·斯坦：《美国总统经济史：从罗斯福到克林顿》，金清译，吉林人民出版社 2011 年版，第 2 页。

③ [美] 马丁·费尔德斯坦主编：《20 世纪 80 年代美国经济政策》，王健等译，经济科学出版社 2000 年版。

④ Martin Feldstein, "The Transformation of Public Economics Research: 1970-2000", *Journal of Public Economics*, Vol. 86, 2002, pp. 319-326.

根本性变化，表现为从需求管理转向供给面激励。自此，以增加支出来扩张总需求为目标的财政政策正式退出美国宏观调控舞台。政府的任务则从需求管理转向反托拉斯和规制，这些政策都明显地强化市场，最大限度地鼓励竞争，关注财政和货币刺激行为、财政预算赤字和公债的负面结果，关注资本形成，强调资源配置效率。政策措施包括扩大联邦基金利率的市场自由调整空间，税收等级指数化以消除通胀对于实际税率的影响，消减资本收益税，扩税基、降税率、统一税基，① 导致了战后历史上规模最大的减税（见图 5-2）。降低国防支出增速，增大社会保障和社会福利支出比重等。② 美国政策转向后，经济增长逐步步入常规轨道，通货膨胀得到了明显的抑制，国民幸福指数逐步恢复到正增长的状态（见图 5-1）。

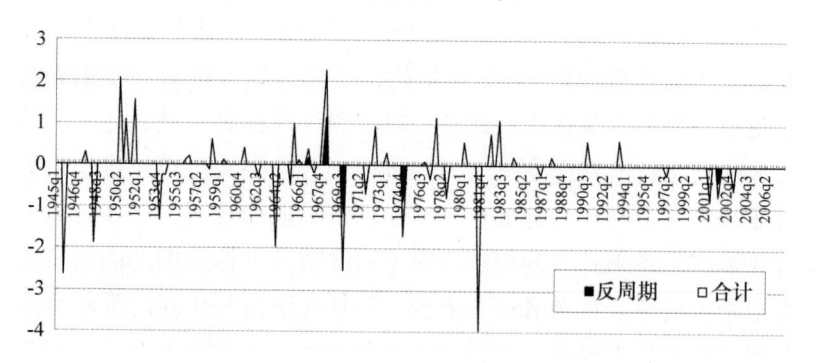

图 5-2 美国政府的税收变化：反周期与总量（1945—2007 年）

数据来源：Christina Romer 和 David Romer 利用美国国会报告、总统经济报告等公开资料整理。反周期是指为了平抑经济周期，总体是为了用于政府支出、平抑周期、弥补赤字和长期增长四种目的的税收变化。参见 Christina Romer and David Romer, "The Macroeconomic Effects of Tax Changes: Estimates Based on a New Measure of Fiscal Shocks", *American Economic Review*, Vol. 100, 2010 (June), pp. 763-801。

---

① 20 世纪 80 年代开始美国的个人所得税税率出现明显下降，边际最高税率从 70% 消减到 10 年后的低于 35%，中产阶级的边际税率下降了 1/3，个人投资收入税率下降。参见[美]马丁·费尔德斯坦主编《20 世纪 80 年代美国经济政策》，王健等译，经济科学出版社 2000 年版。

② [美]马丁·费尔德斯坦主编：《20 世纪 80 年代美国经济政策》，王健等译，经济科学出版社 2000 年版。

伴随着里根供给经济学政策的实施，美国两个最重要的宏观经济指标开始明显好转：经济增长保持高位平滑，失业率和通胀率明显下降，进入"大稳健"（Great Moderation）时期：从20世纪80年代中期开始，美国季度实际产出波动下降了一半以上，季度通胀率的波动则下降了2/3。① 失业率的波动也呈现出类似的变化，尤其是在制造业部门。市场摩擦因素缩小，失业率向自然失业率靠近，经济衰退变得更加温和。1993—2000年，美国经济进入了近30年以来的最长的经济扩张阶段。到克林顿的第二任期内，美国经济增长率达到了4.5%，失业率下降到了4%，达到了宏观经济政策的最优目标。1998—2000年美国财政开始连续出现盈余，彻底改变了基本连年赤字累积的局面。在2000年美国联邦财政预算盈余达到GDP的2.5%的背景下，2001年美国国会预算办公室甚至预测，到2009年财政年度以净值计算的美国公共债务将消失。②

20世纪80年代美国宏观经济政策和宏观经济运行环境上出现的巨大转向，只是整个发达国家的一个缩影。除了日本以外，其他主要工业国家的经济增长平稳、通胀下行。从经济周期的角度来看，扩张阶段明显延长，衰退阶段变短而且更加温和。英国首相撒切尔夫人的私有化政策，似乎比里根政府的政策更加引人注目。伴随着苏东社会主义阵营的解体，以压缩财政赤字、降低边际税率、去管制化、利率市场化、贸易和资本账户自由化和产权私有化等以"稳定化、私有化和自由化"的市场化导向为特征的从标准新古典模型中推导出来的

---

① Galí 和 Gambetti 的研究结果是从 1948 年第 1 季度到 2005 年第 4 季度，采用一阶差分的美国季度实际产出自然对数的波动率下降到了原来的 44%，采用 BP 滤波的结果是下降到了原来的 47%。参见 Jordi Galí and Luca Gambetti, "On the Sources of the Great Moderation", *American Economic Journal: Macroeconomics*, Vol. 1, No. 1, 2009, pp. 26–57.

② 今天来看，这个预测结果令人啼笑皆非，也让我们从一个侧面了解了站在经济学研究前沿的美国政府的财政收入与支出预测能力。与2001年乐观预期的错误相比，1996年美国国会预算办公室的第一份75年期预算预测，2020年美国的公共债务将会超过GDP，实际上2012年这个比重已经超过100%。参见［美］杰弗里·法兰克尔、彼得·奥萨格编《美国90年代的经济政策》，徐卫宇译，中信出版社2004年版，第37—94页。

"华盛顿共识"在世界银行、国际货币基金组织和美国官方等发达国家体系内和发展中国家政策界逐步占据了主导地位,也被当作国际援助的先决条件。①

或许正是受到这种思潮和社会形势的影响,也可能是因为日渐累积的严重的政府债务,在 20 世纪 70 年代末终结了财政扩张政策之后,从 20 世纪 90 年代开始反周期性质的减税政策也很少再出现,取而代之的是不断形成共识的税收平滑原则(见图 5-2)。减税预案越来越多的遭遇被国会否决的命运,继 1982 年美国国会缩减了里根政府的减税规模之后,1992 年和 1993 年美国国会相继否决了布什和克林顿两位总统的反周期财政政策刺激法案。② 在 1982 年和 1990 年两次经济衰退中,美国选择了维持财政纪律。在网络等新经济泡沫破灭后,2001 年和 2003 年美国虽然在硝烟弥漫的争论中通过了 19 世纪 70 年代以来首次反周期刺激法案,③ 但是这并不能改变我们在纵观过去半个多世纪以来得出的关于财税政策退出美国宏观调控领域的基本

---

① "华盛顿共识"的提法正式形成于 1990 年,提出者是哈佛大学的 Williamson。Stiglitz 认为"华盛顿共识"的特征是内容简单,政策含义明显。随着其所倡导的"休克疗法"的失败和中国等渐进式转型国家经济发展的成功,"华盛顿共识"因其过于表象化的陈述而遭到诸多批评。有趣的是,当笔者 2013 年 1 月从谷歌学术上搜索"Washington Consensus"时,发现引用率最高的并不是 Williamson 本人的文章(引用 724),而是 Stiglitz 批评"华盛顿共识"的文章(引用 1249)。参见 John Williamson, "Latin American Adjustment: How Much Has It Happened?", Washington, D. C.: Institute for International Economics, 1990; J. Stiglitz, "More Instruments and Broader Goals Moving Toward the Post-Washington Consensus", United Nations University/WIDER, Helsinki, 1998; Dani Rodrik, "Growth Strategies", in P. Aghion and S. Durlauf (eds.), *Handbook of Economic Growth*, Vol. 1A, North-Holland, 2005; Dani Rodrik, "Goodbye Washington Consensus, Hello Washington Confusion?", *Journal of Economic Literature*, XLIV, 2006, pp. 969 – 983; World Bank, "Economic Growth in the 1990s: Learning from a Decade of Reform", Washington, D. C.: World Bank, 2005.

② John Taylor, "Reassessing Discretionary Fiscal Policy", *Journal of Economic Perspectives*, Vol. 14, No. 3, 2000, Summer, pp. 21 – 36; Alan Auerbach, "The Fall and Rise of Keynesian Fiscal Policy", *Asian Economic Policy Review*, 2012, December, pp. 157 – 175.

③ Christina Romer and David Romer, "The Macroeconomic Effects of Tax Changes: Estimates Based on a New Measure of Fiscal Shocks", *American Economic Review*, Vol. 100, 2010 (June), pp. 763 – 801.

判断，因为财政政策的密度和幅度在里根政府之后都明显下降（见图5-2）。1993年欧盟成立后，作为全球第一大经济体，欧盟统一宏观调控的职能只能由欧洲央行来执行，因为目前还没有统一的欧洲财政部。这种严重滞后于经济一体化的政治体制改革，从制度上制约了整个欧盟层面上财政政策宏观调控职能的实施。①

（二）财政政策宏观调控：文献梳理

宏观调控是马斯格雷夫定义的财政政策的三个基本功能之一。财政宏观调控功能从全球流行到逐渐弱化乃至退出，再到2008年以来理论和政策界激烈争论的背后，是凯恩斯经济学的兴起、没落和（似乎）重新流行的周期性转变。② 本部分将美国宏观经济政策中所出现的巨大转折——从财政扩张、减税到减税基本消失，从其对应的扩张政府、缩小政府到不刻意强调政府规模的过程，总结为从凯恩斯经济学到反凯恩斯经济学再到非凯恩斯经济学的转变。

在凯恩斯经济学经典的希克斯—汉森的模型中，依靠扩张性财政政策以保持充分就业和增加产出的功能得到了明确显示。基于总需求管理的财政政策伴以相应的货币政策，就可以同时控制产出和利率水平。如果将产出缺口转化为就业缺口、将利率转化价格，就可以得到凯恩斯主义需求管理的重要工具模型，也是战后不同宏观经济学流派政策和宏观经济学争论的核心——萨缪尔森—索洛版本的菲利普斯曲线，宏观经济政策的争论被总结为是在菲利普斯曲线的适当位置寻找通胀和失业的最优契合点。③ 与斯密所说"守夜人"为基本特征的自

---

① 相对美国和欧洲而言，日本反周期财政政策推出的时间要晚很多。直至20世纪90年代中期，日本依然使用增加公共投资支出来作为反周期调控措施。

② Alan Auerbach, "The Fall and Rise of Keynesian Fiscal Policy", *Asian Economic Policy Review*, 2012, December, pp. 157-175.

③ Samuelson和Solow的经典论文将菲利普斯曲线推到了宏观经济政策讨论的前台并迅速成为正统凯恩斯经济学的核心。加尔布雷斯提到："1968年主流的美国凯恩斯主义者信奉萨缪尔森—索洛版本的菲利普斯曲线。"参见［英］布莱恩·斯诺登、霍华德·R.文《现代宏观经济学：起源、发展和现状》，佘江涛等译，江苏人民出版社2009年版。

由放任"古典经济学"相比,凯恩斯经济学的政策主张是大幅度扩张政府的职能,将维持充分就业和促进产出增加作为政府的经济目标。

宏观经济学作为一个理论体系兴起于凯恩斯。从1936年通论出版开始,政府维持就业和促进产出增长的功能在英国、美国和欧洲大陆流行开来,希克斯、莫迪利安尼、帕廷金、托宾等一系列关于凯恩斯理论的精细化和模型化处理,萨缪尔森和汉森经典经济学教科书的流行和"新古典综合"概念的提出,再加上克莱因等创建的体现凯恩斯需求管理特征的大规模宏观经济计量模型出现、考尔斯委员会(Cowles Foundation)的发展壮大和英国政府在1944年的《就业政策》白皮书承诺维持一个"高而稳定的就业水平"、美国1946年的《就业法》要求政府致力于追求"最高限度的就业水平、生产能力和购买能力",都在很大程度上促进了战后初期"凯恩斯共识"的迅速形成。[①] 20世纪60年代中期,正统凯恩斯经济学达到了其影响力的顶峰。1965年年底,已经去世近20年的凯恩斯登上了只刊登活人照片的美国《时代》杂志封面。1971年尼克松引用了弗里德曼的那句名言:"我们都是凯恩斯主义者",来为其财政赤字和经济干预主义辩护,[②] 尽管弗里德曼声辩称自己被别人断章取义。

1973年滞胀的出现使得"凯恩斯共识"在突然间土崩瓦解。各种反凯恩斯主义经济学逐步占据政策和学术研究舞台。1974年长期批评集体主义的计划经济和政府不能有效利用信息,力主经济个人主义的哈耶克获得诺贝尔奖经济学奖;1976年坚持提倡政府角色最小化,认为大萧条是政府不当收缩货币造成的自由市场派经济学家的弗

---

① 虽然罗斯福新政和战争期间很多国家的政府政策都暗合了凯恩斯学说,但是凯恩斯在宏观经济理论界的统治地位是战后确立的。斯诺登和文提到,《通论》用12年就赢得了大多数经济学家的心。参见[英]布莱恩·斯诺登、霍华德·R. 文《现代宏观经济学:起源、发展和现状》,佘江涛等译,江苏人民出版社2009年版。

② Alan Greenspan, *The Age of Turbulence: Adventures in a New World*, Oversea Publishing House, 2007.

里德曼获得诺贝尔奖经济学奖,标志着凯恩斯经济学已经从西方发达国家主流经济学的舞台上退出。1978年卢卡斯和萨金特的"后凯恩斯主义宏观经济学"宣告了凯恩斯经济学的终结。[①] 在里根执掌白宫之后,认为政府具有经济人特征而不是完全利他主义的公共选择理论创始人布坎南、力主通过市场交易而不是政府来消除外部性的制度经济学家科斯、认为政府反周期决策会因为市场主体的理性预期而无效的卢卡斯和认为经济波动只是完善市场中理性经济主体对于供给冲击做出的最优反应的实际经济周期理论创始人基德兰德和普雷斯科特,分别在1986年、1991年、1995年和2004年纷纷问鼎诺贝尔奖经济学奖,凯恩斯主义所强调的需求管理政策已经被挤出宏观经济学和宏观经济政策舞台。

对于战后美国财政政策中所出现的巨大转折,学术界主要强调了如下几个方面。

(1) 宏观经济运行环境好转,反周期财政政策变得没有必要。周期性财政政策的空间,被结构性支出的不断增长和由此所带来的巨额赤字所压缩,很可能是因为经济周期比较缓和,同时巨大的预算赤字成为国会否决周期性减税预案的主要原因。[②] 20世纪80年代以来,美国经济进入"大稳健"时期,经济运行平稳,产出、物价和就业波动变小,政策选择空间大。宏观经济运行环境的不断优化,为使用作为价格工具的货币政策进行反周期调控提供了良好的制度环境。

(2) 财政支出重点的变化。师承自马斯格雷夫的公共经济学手册的编著者之一、加州大学伯克利分校的财政学教授Auerbach从支出结构的角度认为,1962年以来美国的相机财政支出一直保持在GDP

---

① Robert Lucas and Thomas Sargent, "After Keynesian Macroeconomics", in *After the Phillips Curve: Persistence of High Inflation and High Unemployment*, Boston: Federal Reserve Bank of Boston, 1978, pp. 49–72.

② John Taylor, "Reassessing Discretionary Fiscal Policy", *Journal of Economic Perspectives*, Vol. 14, No. 3, 2000, Summer, pp. 21–36.

的3%左右,并且效果良好。① 但是周期性支出在整个财政支出中的比重不断下降,逐步让位于社保、医疗等"应享权益"(Entitlement Spending)类的结构性支出。② 周期性财政支出让位于结构性财政支出意味着难以在经济周期内实现预算平衡,老龄化必然会带来长期赤字。③

(3)反周期财政政策已经没有空间。30年来的财政支出扩张,加上10年的减税,只能使和平时期美国政府的债务规模像滚雪球一样越来越大。初始债务和赤字水平,是影响财政政策空间的主要因素。尽管美国政府债务有所谓的上限限制,但是这个上限一再被打破。④ 严峻的赤字使财政可持续性问题受到比反周期更多的关注。这也说明美国民众对于反周期政策正在看淡,从而财政政策转变的背后反映出美国社会思潮的变化。⑤

(4)作为财政政策的替代品,货币政策制定取得了巨大进展并逐步形成共识,政策实施效果良好。货币政策制定更加透明和系统,联

---

① Alan Auerbach, "American Fiscal Policy in the Post-War Era: An Interpretive History", in R. Kopcke, G. Tootell and R. Triest (eds.), *The Macroeconomics of Fiscal Policy*, 2006, pp. 77 – 100.

② 周期性财政政策和结构性财政政策的区别是,前者以"充分就业盈余"为核心,力图在一个经济周期实现预算平衡;后者则不刻意追求经济周期内的预算平衡,而是以实现特定的功能为取向,例如完善社会安全网、建立全民医疗保障体系等。

③ 20世纪90年代,美国财政学界逐步接受了不包含社会保障项目的预算平衡理念(法兰克尔,2003)。作为一个高度实践的学科,财政学研究必然随着财政支出的重点而转向研究社会保障和医疗支出等当代更具实践性的问题。参见 Martin Feldstein, "The Transformation of Public Economics Research: 1970 – 2000", *Journal of Public Economics*, Vol. 86, 2002, pp. 319 – 326。

④ 1917年的第二自由债券法案(*Second Liberty Bond Act*)制度化了美国联邦债务上限问题,并允许政府在此基础上自由发债。自1962年以来,美国政府已经70多次打破债务上限。2002年以来美国连续11年打破债务上限,将其从2001年的5.95万亿美元增加到2012年的16.394万亿美元。参见 D. Austin and Mindy Levit, "The Debt Limit: History and Recent Increases", 2013 (http://www.fas.org/sgp/crs/misc/RL31967.pdf)。

⑤ Christina Romer and David Romer, "The Evolution of Economic Understanding and Postwar Stabilization Policy in Rethinking Stabilization Policy", Kansas City: Federal Reserve Bank of Kansas City, 2002, pp. 11 – 78.

储较好地控制了通胀水平,实体经济更加稳定,货币政策的实施使美国更接近效率前沿。政策研究更加科学,集中于评估不同政策规则的效果,通行的做法是在动态随机一般均衡模型中加入代理人的理性预期和各种粘性,以此来研究不同政策规则对于产出和通胀的反应。动态随机一般均衡框架的容纳能力可以使得不同的经济思想——理性预期、新古典经济学、新凯恩斯经济学和实际经济周期进行不同情景的数值模拟。① 经济学家开始宣布货币政策制定成为一门科学,而财政政策制定至今还处在炼金术的阶段。② 作为财政政策的替代工具,货币政策制定的学术化和规则化,无疑严重挑战了财政政策作为宏观调控工具的位置。既然反周期财政政策和货币政策的目标相同,在更加科学化的货币政策研究和货币政策制定前,反周期的财政政策就变得没有必要,把调控宏观经济的任务交给决策更加科学的货币当局即可。如果同时使用相机财政决策,那么只会凭空增加货币当局的操作难度,因为货币政策制定者必须预判财政政策的效果。但是货币政策很明显更适合于控制通货膨胀,因为二者都是名义变量。③

(5) 反周期政策效果难以识别。从财政政策理论上讲,财政政策实施效果是以乘数来表示的,但是乘数难以衡量和估算,方向也难以保证正确。④ Blanchard 和 Perotti 认为税收变化对于财政支出构成的影

---

① John Taylor, "Reassessing Discretionary Fiscal Policy", *Journal of Economic Perspectives*, Vol. 14, No. 3, 2000, Summer, pp. 21 – 36; M. Goodfriend, "How the World Achieved Consensus on Monetary Policy", *Journal of Economic Perspectives*, Vol. 21, No. 4, 2007, Fall, pp. 47 – 68.

② R. Clarida, J. Galí and M. Gertler, "The Science of Monetary Policy: A New Keynesian Perspective", *Journal of Economic Literature*, Vol. 37, No. 4, 1999, pp. 1661 – 1707; Eric Leeper, "Monetary Science, Fiscal Alchemy", in *Macroeconomic Challenges: The Decade Ahead*, Federal Reserve Bank of Kansas City Jackson Hole Symposium, 2011, pp. 361 – 434.

③ M. Solow, "Rethinking Fiscal Policy", *Oxford Review of Economic Policy*, Vol. 21, No. 4, 2005, pp. 509 – 514.

④ Robert Barro and Charles Redlick, "Macroeconomic Effects of Government Purchases and Taxes", *Quarterly Journal of Economics*, Vol. 126, No. 1, 2011 (February), pp. 51 – 102; M. Solow, "Rethinking Fiscal Policy", *Oxford Review of Economic Policy*, Vol. 21, No. 4, 2005, pp. 509 – 514.

响与大部分模型预测完全不同。① 在长期赤字的欧洲，紧缩性的财政政策甚至导致产出扩张，爱尔兰低利率的扩张效果被政府支出的下降所抵消。在名义利率已经低至零的情况下，日本20世纪90年代以来的扩张性财政政策也没有起到什么效果。② 经济学界已经同意，计算政策效果的核心是确认政策招致的变化和非政策招致变化之间的界限。③ 遗憾的是，在次贷危机以来关于财政乘数的辩论中，关于财政政策效果的讨论依然没有取得实质性共识：Christina Romer 和 David Romer 认为减税乘数显著为3，而 Barro 和 Redlick 则认为临时性军事支出的乘数仅为0.6—0.7。④ 或许正因为对于财政政策效果的不确定性，奥巴马政府的复苏与再投资税收法案（American Recovery and Reinvestment Tax Act，ARRA）就同时包含了减税，增加对家庭、州政府的转移支付和增加政府购买。⑤

（6）财政政策时滞的存在。从实践来看，财政政策的内在缺陷是难以确定其实施的准确时机。两种时滞——政策制定时滞和执行时滞的存在，意味着严重的时间不一致性问题，这一点和货币政策没有区别。Blanchard 和 Perotti 发现财政支出对于产出影响的峰值在几年后才会出现，⑥ 这已经远远错过了危机最严重的阶段。滞后的财政政策

---

① Olivier Blanchard, Roberto Perotti, "An Empirical Characterization of the Dynamic Effects of Changes in Government Spending and Taxes on Output", *The Quarterly Journal of Economics*, Oxford University Press, Vol. 117, No. 4, 2002, pp. 1329 – 1368.

② John Taylor, "Reassessing Discretionary Fiscal Policy", *Journal of Economic Perspectives*, Vol. 14, No. 3, 2000, Summer, pp. 21 – 36.

③ Alan Auerbach, "American Fiscal Policy in the Post-War Era: An Interpretive History", in R. Kopcke, G. Tootell and R. Triest eds., *The Macroeconomics of Fiscal Policy*, 2006, pp. 77 – 100.

④ Christina Romer and David Romer, "The Macroeconomic Effects of Tax Changes: Estimates Based on a New Measure of Fiscal Shocks", *American Economic Review*, Vol. 100, 2010 (June), pp. 763 – 801; Robert Barro and Charles Redlick, "Macroeconomic Effects of Government Purchases and Taxes", *Quarterly Journal of Economics*, Vol. 126, No. 1, 2011 (February), pp. 51 – 102.

⑤ Alan Auerbach, "William Gale and Benjamin Harris, Activist Fiscal Policy", *Journal of Economic Perspectives*, 2010, Fall, pp. 141 – 164.

⑥ Olivier Blanchard, Roberto Perotti, "An Empirical Characterization of the Dynamic Effects of Changes in Government Spending and Taxes on Output", *The Quarterly Journal of Economics*, Oxford University Press, Vol. 117, No. 4, 2002, pp. 1329 – 1368.

具有严格的顺周期特征,其实并不是在平抑经济周期而是在加剧经济波动。① 与财政政策相比,货币政策的优势是执行时滞更短:只要联邦公开市场委员会(Fed Open Market Committee,FOMC)开个电话会议投个票,然后通知纽约联储柜台调整短期利率即可。货币政策的快捷性可以使其在几个月内迅速进行反向政策操作,这个速度是财政政策所不具备的。②

(7)财政政策实施所面临的政治约束。财政政策覆盖全局,③ 却又必须具体到每一个细节,这一特征在直接税和转移支付领域表现得尤为明显。与货币政策注重总量调控不同,财税调控既包括总量估计,又包括具体细节的考量,从而具有明显的结构和收入分配含义。④ 每一次反周期的财政政策,都必须重视对其他两个财政政策功能的影响:收入分配和效率搅拌。收入分配是现代政治影响经济表现得最主要渠道之一。⑤ 在反周期财政政策的支出方向上,各种刚性的存在意味着在一个经济周期内维持"充分就业盈余"总量平衡是很难实现的,不论其采用政府购买、转移支付还是减税。⑥ 一种较好的规避国

---

① Alberto Alesina, Filipe Campante, Guido Tabellini, "Why is Fiscal Policy Often Procyclical?", *Journal of the European Economic Association*, Vol. 6, No. 5, 2008, pp. 1006 – 1036; Jeffrey Frankel, Carlos Végh and Guillermo Vuletin, "On Graduation from Fiscal Procyclicality", *Journal of Development Economics*, Vol. 100, No. 1, Jan. 2013, pp. 32 – 47.

② John Taylor, "Reassessing Discretionary Fiscal Policy", *Journal of Economic Perspectives*, Vol. 14, No. 3, 2000, Summer, pp. 21 – 36.

③ 高培勇:《复杂多变经济形势背景下的宏观政策抉择》,《财贸经济》2013 年第 2 期。

④ 张平、付敏杰:《稳定化政策基准、期限和激励政策组合》,《经济学动态》2011 年第 11 期。

⑤ Alberto Alesina and Dani Rodrik, "Distributive Politics and Economic Growth", *Quarterly Journal of Economics*, Vol. 109, No. 2, 1994, pp. 465 – 490; Ben Lockwood, "Distributive Politics and the Costs of Centralization", *Review of Economic Studies*, Vol. 69, No. 2, 2002, pp. 313 – 337.

⑥ 福利国家理论研究了财政政策只能单向演变的福利刚性特征。虽然可以加总成总量,但是财政支出必须是具体的,政府采购、转移支付或者减税都必须落在某一个特定的利益团体头上,如果这些政策的力度和方向随着经济周期而实现周期性变化,必然会遭到该利益集团的强烈反对。在一个经济体快速增长的时期,不仅仅政策方向不能变化,甚至连财政政策力度也不能减小。以提高退休金为例,如果前 9 年一直维持 10% 的增长,第 10 年也最少要提高 10%,不论财政收支状况如何,否则会被认为没有能力。

内政治约束的反周期财政政策是军事支出,但是我们又很难指望战争恰好在一个经济周期内打完,从而很好地实现逆周期调节目标。① 从实践来看,一个运行良好、功能正常的公共部门,本身就是宏观经济稳定的核心内容。考虑到政治周期理论所强调的官员可以通过操纵财政支出来实现其政治目标,秉承独立性的美国中央银行制度使其能在很大程度上摆脱现任政府官员压力的干扰。② 从趋势上来看,信息技术的应用使货币政策时滞越来越短,严格预算等政治体制的发展,却使财政政策时滞越来越长。

(三) 信息公开:财政政策与财政制度不同内涵

是什么导致了财政政策从财政扩张、减税到周期性减税逐步消失的转变?或者是从凯恩斯经济学、反凯恩斯经济学,再到非凯恩斯经济学的转变?在《财政理论与实践》中,马斯格雷夫夫妇在论述了财政的配置、分配和稳定三大职能后,认为不同财政目标间可能存在冲突而必须注重协调问题,那么这些冲突究竟存在于什么方面?美国财政政策逐步退出宏观调控,就是一个在冲突的财政目标之间进行公共选择的故事。这个冲突的载体是信息,冲突的对象是财政制度和财政政策,前者所要求的信息最大范围内的公开在很大程度上限制了相机决策的政策效果,当战争时代的人们对总统的英雄主义情结逐步淡

---

① 战争这种盛大的工程一旦开始,必然面临巨大的后期支出和软约束问题,软约束是政治经济学的重要内容 [参见 Kornai János, Eric Maskin, Gérard Roland, "Understanding the Soft Budget Constraint", *Journal of Economic Literature*, Vol. 41, No. 4, 2003 (Dec.), pp. 1095 – 1136]。值得注意的是,最近两篇研究财政支出乘数的文章的学术贡献,就是将美国国防支出中的暂时部分和持久部分进行了分别处理。参见 Robert Barro and Charles Redlick, "Macroeconomic Effects of Government Purchases and Taxes", *Quarterly Journal of Economics*, Vol. 126, No. 1, 2011 (February), pp. 51 – 102; Valerie Ramey, "Identifying Government Spending Shocks: It's All in the Timing", *Quarterly Journal of Economics*, Vol. 126, 2011, pp. 1 – 50。

② Alberto Alesina and Lawrence H. Summers, "Central Bank Independence and Macroeconomic Performance: Some Comparative Evidence", *Journal of Money, Credit and Banking*, Vol. 25, No. 2, 1993 (May), pp. 151 – 162; Alberto Alesina and Andrea Stella, "The Politics of Monetary Policy", In Benjamin M. Friedman and Michael Woodford (eds.), *Handbook of Monetary Economics*, Vol. 3, 2010, Chapter 18, pp. 1001 – 1054, Elsevier。

去，三权分立下美国预算平衡制度的重新回归和预算绩效的不断加强所导致的财政制度化过程，成为财政政策退出宏观调控的根本原因。

在20世纪40年代那场关于体制的大论战中，社会主义经济学家兰格提出通过收集私人信息并尊重私人动机，政府可以通过其制定的分配机制做到向市场一样配置资源，并且完全可能比市场经济的无序竞争更有效率。① 哈耶克则认为计划体制对于信息的要求过高，而市场才是最有效利用信息的资源配置方式。② 理不辩不明，信息作为一种有价资源的观点在这次争论中正式提出，信息经济学的基本理念和机制设计理论等由此而产生。

20世纪80年代理性预期宏观经济学的兴起，虽然没有改变宏观经济学的结构，但是却改变了人们思考宏观问题的方式和政府制定宏观政策的方法。③ 卢卡斯的"政策无效性"命题揭示：产出的波动是由人们的预期误差引起的，只有出人预料、不可预测的政策变动才能实现政策目标，而理性预期会使预期误差接近于零。在理性预期下，市场主体会依据政策规则的系统信息形成对于价格的理性预期。不管政府采用什么样的政策措施，经济活动当事者总是能够预测到政府的政策行为及其后果，从而采用相应的对策将政府政策效果缩小到无效。只有私人未预料到的政策规则变化，才能导致总需求和均衡产出变动。从这个意义上讲，政府干预私人经济的核心是制造预期误差。在市场经济中，私人为获得价格信息而支付的成本、缺乏有效的信息搜集和处理机构、有限的认识能力和活动范围，是导致其不能形成理性预期的原因。在理性预期下，政策有效的核心是在政府与私人的博弈中，政府可以拥有比私人更多的信息，从而做出优于私人信息的决策。这样，宏观调控的核心，就演变成政府和私人部门之间的信息博

---

① Oskar Lange, *On the Economic Theory of Socialism*, Macmillan, London, 1940.

② Daron Acemoglu, "Mikhail Golosov and Aleh Tsyvinski, Markets Versus Governments", *Journal of Monetary Economics*, Vol. 55, 2008, pp. 159–189.

③ ［英］布莱恩·斯诺登、霍华德·R.文：《现代宏观经济学：起源、发展和现状》，佘江涛等译，江苏人民出版社2009年版。

弈。调控当局的贸然行动，逐步成为宏观经济政策出台的主要方式。从这个意义上看，货币政策的优势确实越来越明显。① 在现实中，我们也经常能看到突然发生的政策变化，其核心在于造成调控机构和市场之间的信息不对称，减少市场预期对于政策效果的影响。货币当局突然宣布提高利率或者存款准备金率成为市场的常态，目的是让市场难以预测。

理性预期宏观经济学对于政策制定的最大影响，在于其将宏观调控问题推向了博弈框架。在一个标准的博弈游戏中，参与者的地位是对等的。这实际意味着调控者与市场、执法者与立法者、政府与选民之间有一个对等的地位，所以宏观调控和信息博弈最终演化成了政府和预算机构之间的权力博弈。20 世纪 80 年代后，美国公共选择理论的兴起所导致的社会观念的变化、两党分别控制政府和国会格局的形成所导致的国会预算权力的加强和预算平衡法则的回归，成为制约美国宏观调控理念和政府宏观调控能力的根本原因。

"二战"结束后，战争期间所形成的国家利益高于一切党派利益和个人利益的共同价值观开始分化。总统的权力被逐步限制，但是其对于美国经济的影响并没有立刻消失。1951 年美国宪法修正案规定总统最多连任一次，罗斯福连任四届的成就永远成为历史。随着战争远去、英雄迟暮，总统政治影响力恢复常态，因战争而被授予总统的权力逐步被国会剥夺。

限制政府和财政扩张的进一步措施是要求信息公开。美国严格的预算制度和政府公开制度要求财政透明和预算公开，政府掌握最少的私人信息，这与宏观调控所强调的信息结构完全相悖。1974 年通过的《信息自由法修正案》规定，如果政府拒绝公民的信息公开要求，公民可以提起司法诉讼。每年政府机构需要向司法部提供上一年度信息公开的基本情况，包括所接到信息公开的请求次数和解决的次数，

---

① John Taylor, "Reassessing Discretionary Fiscal Policy", *Journal of Economic Perspectives*, Vol. 14, No. 3, 2000, Summer, pp. 21 – 36.

解决的平均时间、最长时间和最短时间，未解决的公开要求和平均等待时间，拒绝公开的文件的次数和拒绝公开的理由。这些信息所形成的报告数据都需要以统计数据形式向公众公开。1976年通过的《阳光下的政府法案》要求政府机构要最大限度地公开所举行会议的内容，包括会议记录、会议摘要、会议产生的文件、会议录音等，允许公众旁听非保密会议。21世纪之初的《电子政府法案》和《开放政府指令》则做出了更详细、更具体的规定。[1] 虽然政府部门也存在主观上的消极、抵触乃至博弈，但是信息公开已经成为原则而不是例外。[2] 美国货币政策制定者——联邦市场公开委员会（FOMC）的会议记录一般在下次会议后几天内公布，包括对宏观政策投赞成票、反对票的委员数目、名单，属于典型的信息公开。这样，在财政制度所要求的信息公开和宏观调控所要求的信息垄断之间就形成了取舍问题。

财政和税收的核心是正规制度安排，而不是专门的应急工具。一个正规的制度安排必然要求公开、透明、可预期。美国立法程序规定，制定一个反周期财政政策的程序至少包括：总统召开内阁会议，确定哪个部分的税收或财政支出要进行调整，随后提交国会辩论以确定是通过、修改还是否决提案，历时最少几个季度或者几年，[3] 这种严格的程序限制了政府和财政部门依据可能突然出现的宏观经济形势转变而采取行动的权力。从信息的角度而言，消费者的理性预期极大地影响了财政政策宏观调控的职能。再加上财政政策不是典型的总量政策，其灵活性面临福利刚性和收入分配格局的挑战，偶尔采用一次可以，像20世纪50—60年代那样长期采用而制度化，早已经被消费

---

[1] 吴金鹏、岢岚馨：《美国政府信息公开相关法律与制度解读》，《情报科学》2012年第6期；李幸祥：《美国行政过程中的信息公开制度研究和借鉴》，《人大研究》2013年第2期。

[2] 胡锦光、王书成：《美国信息公开推定原则及方法启示》，《南京大学学报》2009年第6期。

[3] John Taylor, "Reassessing Discretionary Fiscal Policy", *Journal of Economic Perspectives*, Vol. 14, No. 3, 2000, Summer, pp. 21–36.

者所预期到而失去了例外的效果。在经历了战后政府权力的过度扩张后，从20世纪70年代开始，政府所执行的美国国会通过的法律都必须明确有效期，即日落条款（Sunset Clause）①，以期最大限度地限制执行者授权立法的权力，减税和财政刺激法案也是如此。② 日落条款对财政政策期限进行了严格限制，从制度上限制了短期调控措施的长期化倾向。

作为一个国家的正规制度安排，财税制度演进的方向往往是单向的，不会随经济形势而出现周期性的变化，当考虑到财税制度在改善收入分配和促进社会公平发挥作用时尤其如此。对于同时进行防治经济过热的繁荣期调控和防止经济下滑的萧条期调控的国家，尤其应该注重这一点。频繁地调整基本制度和国民分配结果，会严重影响一个市场经济主体的行为动机、决策环境和市场效果，造成社会秩序紊乱，影响长期增长。我们不能指望税率和政府支出结构每隔几年就周期性调整一次，而只能看到越来越多的支出刚性和日渐萎缩的财政政策空间，政策灵活度越来越低，如果财政收支全部被各种刚性绑定，就会完全丧失自由度量的空间。

二 美国中长期预算的基本经验

在公共选择、信息公开、权力向预算部门分离、反周期财政政策措施弱化、财政支出重点向社会保障支出的背后，是美国财政功能化的走向。除此之外，在高度制度化的环境中，实现财政支出的逆周期调控，预算编制就显得尤其重要，而美国预算的突出特点，是预算的

---

① 日落条款是一个法律术语，与日出条款（Sunrise Clause）相对应。法律或者法案若非能及时得到重新授权，将于日落条款所规定的日期自动废除。设置日落条款的目的是保证某一个公共部门或者政府机构的行为必须在固定期限内进行评估以确定其行为的合法性。

② Alan Auerbach, "American Fiscal Policy in the Post-War Era: An Interpretive History", in R. Kopcke, G. Tootell and R. Triest (eds.), *The Macroeconomics of Fiscal Policy*, 2006, pp. 77 – 100.

长期化倾向。美国国会预算办公室编制的中长期预算是美国预算体系的重要组成部分，其主要目的是在总统年度预算的基础上，通过中长期情景分析，为市场注入更多的稳定预期，从而形成市场主体决策的客观环境。[①]

（一）美国中长期预算报告出现的背景

美国国会和总统的预算权力之争始自建国之初。1789年美国宪法将征税和借款的权力赋予了美国国会，要求所有预算支出必须经国会批准后才可由财政部支出，这种资金使用方式坚持了132年。随着第一次世界大战的爆发和美国参战，1921年美国国会制定预算与审计法，授权总统在预算编制中起主导作用，在财政部成立预算局和政府审计办公室，自此进入了总统主导预算编制的时期。大萧条的出现促使罗斯福再一次要求国会授权，将更多的资源动员权力移交给总统。这种预算编制方式为走出危机和最大限度地筹集战争资源提供了制度保证，但是也带来了政府规模过快扩张和资金使用无度的问题。

1974年国会预算法案改变了原有格局，使国会可以独立起草预算提案，并在收入委员会、拨款委员会的基础上，增加了预算委员会，并成立国会预算办公室（Congressional Budget Office，CBO）。自此，美国国会不仅可以表决预算，也可以独立提出预算提案，美国进入国会和总统共同控制预算管理过程时期。[②] 1985年国会制定平衡预算和赤字控制法（格拉姆—拉德曼—霍林斯法案），设立预算赤字减少的目标。赤字控制成为政府预算的核心内容，该法案规定当总统和国会关于消减赤字不能达成一致时，必须按照公共选择学派所提倡的

---

① 编制中长期财政预算并不是美国的个别经验，目前所有OECD国家都已在财政预测的基础上建立起了中期预算框架。例如挪威2004年发布了到2060年的财政经济预测报告；英国的年度预算前文件中包含有对以后50年的财政经济预测；德国2005年发布了到2050年的财政预测；欧盟2006年发布了到2050年的财政预测；澳大利亚发布了2044—2045年的财政经济预测报告。参见石英华《预算与政府中长期规划紧密衔接的机制研究——研究改善政府预算执行的新视角》，《财政研究》2012年第8期。

② 王熙：《美国预算制度变迁及其对中国的启示》，《中央财经大学学报》2010年第2期。

"自动消减"办法。① 目的是将政府赤字控制在某个范围内，虽然军事支出一直被认为是以财政支出来促进产出增长的重要内容，但是国防却成为首要的消减对象。② 1990 年美国国会制定预算执行法，建立自主支出的上限和法定支出的量入为出原则，实现了预算权力的再一次加强。尽管从事后来看，美国预算权力的加强并没有完全实现对于赤字的限制，但是却限制了反周期财政政策的实施。

凯恩斯经济学对于宏观经济和财政的最大影响，是补偿性财政政策（周期性财政政策）的逐步实践化。从罗斯福开始，美国虽然开始追究就业和宏观稳定目标的实现，但是平衡预算却一直没有放弃，直至 1964 年减税。肯尼迪的"新边疆"政策和约翰逊的"伟大社会"纲领，把罗斯福新政发展到了一个新的高度。③ 1964 年美国约翰逊总统发表演说宣称："美国不仅有机会走向一个富裕和强大的社会，而且有机会走向一个伟大的社会。"国会通过了包括向贫困宣战、保障民权及医疗卫生等方面的立法四百多项，将战后美国扩张性财政政策推到了新的高峰。

在美国经济既没有面临衰退也没有经历危机的情况下，政府支出的不断扩张和突然实施的大规模减税，意味着肯尼迪、约翰逊彻底放弃了平衡预算原则，赤字化财政和补偿性财政政策开始成为常态。④ 1964 年减税，是 2008 年经济危机之前美国最大规模的减税，也是经济非危机时期的最大规模减税：个人所得税边际税率从 1954 年的 20%—91% 下降到 14%—70%，下降了约 20 个百分点；预扣税从

---

① ［美］马丁·费尔德斯坦主编：《20 世纪 80 年代美国经济政策》，王健等译，经济科学出版社 2000 年版。

② 刘怡、张淑芳：《公共选择理论与美国的预算赤字》，《经济理论与经济管理》1992 年第 2 期。

③ 肯尼迪的"新边疆"政策在国内主要是采纳"新经济学"的减税主张，实行长期赤字财政政策；制定和实施太空探索、登月计划；实施老年医疗保险；提出解决种族隔离的民权法等。

④ ［美］赫伯特·斯坦：《美国总统经济史：从罗斯福到克林顿》，金清译，吉林人民出版社 2011 年版。

18%降低到14%,当年减少预扣税67亿美元。

20世纪60年代美国经济的强劲增长和繁荣,使人们见证了更大规模补偿性财政政策的威力。按照补偿性财政政策原则,繁荣期应当出现持续的盈余,从而对冲萧条期所出现的赤字,以实现周期内平衡,但是在肯尼迪—约翰逊的8年期间,赤字出现了7年。需求扩张过快使物价开始高企并成为整个社会关注的焦点(见图5-1)。70年代初,美国重新进入衰退状态,1973年大范围滞胀的出现,使得持续了20年的"以政府支出来促进就业和经济增长"的凯恩斯共识突然崩溃。

1974年,美国通过了《国会预算和控制截留法案》(Congressional Budget and Impoundment Control Act),重新确立了美国国会在预算过程中的地位,从而奠定了美国现代预算的制度、程序和框架。[①] 按照该法案,国会可以独立起草预算的提案,终结了美国自1921年以来由总统提出预算报告的历史。

(二)为什么要编制中长期预算报告?

财政周期调控的核心是调整资源的跨年度分配。中长期预算的首要目标是弥补年度预算中可能存在的短视问题,从而可以在一个更长的期限内考虑当前预算支出的重点,做到大处着眼、小处着手,合理解决钱该怎么花的问题。经济预测目标是按照自然年给出的,预算却按照财年制定,这其中存在着时间差问题,1976年的预算过度季使得长期预算很有必要。[②] 1976年正式出版的第一份五年期预算报告《五年预算目标:1977—1981》中提供了进行五年预算的目的:现有的年度预算需要更长期的框架,本五年预算按照1974年国会预算法案的要求而制,从而使国会可以更加从容和科学地考虑下一个财年的各种预算备选方

---

① Nooree Lee, "Congressional Budget and Impoundment Control Act of 1974 Reconsidered", Harvard Law School Federal Budget Policy Seminar Briefing Paper, No. 34, 2008.

② 1976财年的时间是从1975年7月1日到1976年6月30日,而1977财年的时间是从1976年10月1日到1977年9月30日,这样从1976年7月1日到1976年9月30日的三个月称为"过渡季",也在事实上称为常规的总统年度预算的空白期。

案。虽然这些备选方案对短期年度预算的影响甚微,但是对长期预算的首选目标却影响巨大。① 为避免短期预算与长期目标相冲突,提高短期预算与长期目标的相容度,有必要制定较长期限的预算。

1996 年出版的第 1 份 75 年期长期预算报告在前言和第一章叙述了十年报告存在的缺陷:已有的 10 年期预算报告并不足以描述美国长期人口统计特征变化对于联邦预算的影响。婴儿潮和老龄化导致的劳动力比重下降、健康和养老支出增长,将成为未来美国预算支出的重点,但是这个重要性在十年预算报告中难以体现。由于人口老龄化、劳动力比重下降,原有的总统年度预算已经不可能再实现年度平衡。② 制定一种可持续的预算,必然要求将预算期限大幅度拉长,以期在更长时期内观测到预算收入、预算支出和赤字的变化情况,从而更好地安排当前预算支出的重点。

(三) 美国中长期预算报告的主要类型

美国国会编制的中长期预算报告主要包括 5 年期、10 年期和 75 年期三种,每种都在下一个年度更新数据和预测。美国第 1 份五年预算报告发布于 1976 年 1 月 26 日,最后一份 5 年期预算报告是 1995 年 1 月 1 日公布的 1996—2000 财年经济与预算展望,之后 CBO 停止了五年期预算报告的编制,转向 10 年期和 75 年期预算报告,这是目前依然在编制的两种预算报告类型,分别对应中期预算和长期预算。

1992 年 1 月开始发布第一份十年期预测,将 1991—1996 年的预算展望延伸到 2001 年。在劳动、资本和全要素生产率 TFP 增长预测的基础上,CBO 预测美国存款保险之外的联邦赤字会从 1996 年占

---

① Congressional Budget Office, "Five-Year Budget Projections: Fiscal Years 1977 – 1981", 1976, CBO web。

② 老龄化带来的医疗和养老支出增长,使美国社会接受了 1999 年克林顿政府提出的不包含社会保障的预算平衡概念。参见 [美] 道格拉斯·埃尔门多夫、杰弗里·利伯曼和戴维·威尔科克斯《90 年代的财政政策与社会保障政策》,载 [美] 杰弗里·法兰克尔、彼得·奥萨格编《美国 90 年代的经济政策》,徐卫宇译,中信出版社 2004 年版,第 37—94 页。

GNP 2.6%的2000亿美元增加到2001年占GNP 3.1%的3130亿美元,随后便是对于各种宏观经济变量在现有收支政策下的情景模拟。2012年更新的十年期预算报告已经更名为《预算与经济展望》(*Budget and Economic Outlook*: *Fiscal Years 2012 to 2022*)。值得注意的是,后续的十年期预算报告并不是推翻前面的结论和预测,而是采用了定期更新的形式,从而保证了预算展望的持续性。

1996年5月发布的第一份75年期预算报告,名称为《长期预算压力与政策选择》(*Long-term Budgetary Pressures and Policy Options*)。该报告首先分析了美国出生人口的大幅波动,从大萧条期间的不到每年250万人到肯尼迪时期的接近450万人,随后分析了人口出生率的变化对于劳动力供给、财政养老、医疗支出的影响和更加可持续的政策选择。2012年的长期预算报告名称为《2012年长期预算展望》(*The 2012 Long-Term Budget Outlook*),描述了修改2011年长期预算展望的原因和修改结果。

如前文所述,10年期报告来自5年期报告,其核心是以经济周期为基础的跨年度预算和更长经济周期内的预算平衡,充分就业盈余是10年期预算报告的主要内容。75年期报告的核心则与人口统计特征变化有关,目前主要针对养老和医疗支出。

(四)中长期预算报告的内容和演变趋势

预算报告主要围绕预算收支和赤字等展开。第一部分往往包含经济形势展望和情景模拟,包括了潜在产出、通胀和就业等基本指标的未来情景值,所以后期的预算报告也称为《预算与经济展望》(*The Budget and Economic Outlook*)。

1976年第1份五年预算的正文内容包括三部分,共63页。第一部分是未来五年概览,第二部分是未来五年联邦支出总额和按照功能分类的支出构成(包括国防、福利、转移支付),第三部分是税收。概览主要是预算情景假设,包括经济形势展望(增长、通胀、就业等目标设定)、预算收支概览、充分就业预算、政府收支构成等。① 后续的五年报告基本延续了这个结构并有所扩展。1992 年的五年预算报告（1993—1997 年）包括 5 部分，分别是经济展望、预算展望与预算过程、支出展望、收入展望和促进经济复苏的财政货币政策。

10 年期预算报告的内容则更加规范，主要包括预算展望、经济展望、收入展望和支出展望几部分，有时候预算收支展望包含在预算展望之中。2013 年 10 年期预算与经济展望报告（*The Budget and Economic Outlook: Fiscal Years 2013 to 2023*）的正文，就只包括预算展望和经济展望两个部分。

1996 年第 1 份长期预算报告包括三部分：经济展望、政策和政策影响。第一部分首先论述了老龄化和老龄化对预算的影响，包括健康支出的长期影响、老龄化和 2002 年预算平衡政策；第二部分是减少社保和健康支出增速的政策建议；第三部分则是个体选择和政策对于长期预算的影响。2012 年长期预算的主体则包括了 6 部分内容：预算展望、预算政策的长期影响、主要健康项目展望、社会保障展望、其他非利息支出展望和预算收入展望。除此之外，长期预算报告还不断更正与预算相关的经济数据，目前提供的预测数据包括赤字、失业率、政府收入和支出的主要部分：医疗、收入补助、教育、养老和农业。

(五) 中长期预算报告：科学性还是政治性

1976 年的第一份五年预算方案假定政府支出政策的重点不变。这种简单的假设，对于短期预测是比较可靠的。但是中长期预算的核心，是展望经济基本面在现有政策下所呈现的长期愿景。随着预算的

---

① 1976 年经济形势预测共模拟了两个场景：第一个场景是平均经济增长率为 6%，失业率到 1980 年和 1981 年下降到 4.5%，年度通胀率为 6%—7%，名义 GNP 年均增长 13%；第二个场景是平均增长率为 5%，到 1981 年失业率下降到 6% 以下，通胀率低于第一个场景，名义 GNP 年均增长 11%。随后介绍了场景模所采用数据的来源：经济增长率的数据是按照"二战"后五年增长率的均值计算、通胀率和失业率略高于过去 30 年的平均值。

期限越来越长,其所依据的基本假设也就越来越不可靠,讲故事的色彩似乎越来越浓。例如在2000年美国联邦财政预算盈余达到GDP的2.5%的背景下,2001年美国国会预算办公室甚至预测,到2009年财政年度以净值计算的美国公共债务将消失。[①] 今天来看,这个预测结果令人啼笑皆非,因为实际上2012年美国的债务比重已经超过100%。我们应该怎样看待中长期预算的科学性和意义?

第一,中长期预算报告的编制只能依据现有政策和宏观经济基本面来进行假设。在大规模的经济系统预测中,我们往往只能够选择少数随经济周期基本稳定的"深层参数",而不可能通盘考虑所有影响未来预算收支的因素。一方面是精力和数据不允许,另一方面这些较小的因素随机性过强,难以做出精确预测。所以经济预测只能依据稳定的关键变量来进行,这就是预算编制的科学性基础。

第二,每当政策或者基本面出现大的变化,中长期预算报告的内容就会以此更新,通过连续不断更新,来保持报告的科学性。或许这些报告的内容和现实之间的差别永远都存在,但是依据最新政策变化所进行的更新,保证了预测结果与现实之间的不断接近。用典型的经济学术语来说,更新保证了报告预测与现实之间的长期收敛。

第三,虽然中长期报告编制的基础是现有政策不变,但是其所展现的现有政策的长期远景,却可能是政策方向做出改变的依据。而且,越是长期的预测,越能够说明微小的政策改变,也会导致未来情景发生巨大的变化。对于宏观政策制定来说,虽然当前的支出主体是基本确定的,但是总归有些部分可以微调,而这些政策的微调可能对于未来具有至关深远的影响。中长期预算报告在展示什么是"善"的同时,更是传递了"勿以善小而不为"的理念。

第四,中长期预算编制理念是赤字最终要实现平衡,政府规模是有限的。不同的预算报告的区别,在于赤字在其研究对象上是在多大

[①] [美]杰弗里·法兰克尔、彼得·奥萨格编:《美国90年代的经济政策》,徐卫宇译,中信出版社2004年版。

周期内实现平衡。其核心是向市场传达一种理念，作为宏观经济的核心部门，政府不是蓬齐游戏者，是一定会追求预算平衡的。

三 智利的结构预算

根据智利财政收支统计，财政收入一般分为直接税、间接税、非税务收入、铜业收入等项目。税收可分为直接税和间接税两大类：直接税主要由所得税和增值税构成，以增值税为主；间接税种类繁多，主要项目有进口税、司法税、外贸税、资产税、劳务税、特种产品税等。20世纪90年代以来，各种税收占财政收入总额的85%以上，进入21世纪以来税收比重连续下降。其余的部分主要是铜业收入，是智利经济依赖于自然资源产品出口特征的表现。

入不敷出是智利财政的常态。1960—1984年的25年间，智利财政收支出现赤字的年份有22年。增加财政收入，压缩开支，减少赤字是历届政府长期追求的目标。1974年军政府实行税制改革，设立了增值税，增加了直接税收，加强了反偷税漏税的措施，使国家财政收入得到改善。与此同时，采取了一系列压缩财政开支的措施。1979—1981年3年财政盈余额累计达到9.21亿美元。20世纪80年代初的债务危机使财政收支状况恶化，1984—1987年财政赤字累计为3.58亿美元。1990年艾尔文政府执政后，提高企业利润税，由原来的10%增加到15%；取消了原来关于利润再投资免税的规定；把增值税从16%提高到18%。90年代以来，政府执行严格的货币政策和控制财政开支，财政收入不断增加，收支平衡且有较大盈余。1993年财政盈余7亿美元。

进入20世纪90年代，由于财政收入不断增加，财政支出也相应增长。1993年，财政支出为81.08亿美元，比上一年增加了11.2%，相当于当年国内生产总值的1.5%。在社会开支、债务利息及其他财政开支中，社会开支的比重不断增加，90年代以来年均占60.0%以上。1993年社会开支额为20019.34亿比索（合49.53亿美元），占当年财政总支出的 61.0%。社会开支包括公共卫生、住宅建筑、社会养老金、教育、紧急就业计划和其他社会开支项目。1993 年，上述各个项目在社会开支总额中所占比重分别为：公共卫生，9.9%；住房建筑，9.1%；社会养老金，46.7%；教育，24.7%；紧急就业计划，0.2%；其他社会开支，9.4%。

作为拉美地区大宗商品出口国的典型代表，智利长期饱受顺周期财政政策之苦。在 Frankel 等[①]的研究中，1960—1999 年智利财政支出的顺周期系数为 0.27，作为在世行数据库中字母表上最邻近的国家，中国的同期值为 0.18。但是到了 2000—2009 年，智利的财政支出已经实现逆周期调控，系数为 - 0.64，但是中国的顺周期程度已经扩张到 0.73。智利告别顺周期调控的制度措施是什么？

（一）20 世纪 90 年代的智利财政改革

长期以来，智利财政制度具有明显的"等级制"特征，属于典型的以政府为主导的集权财政管理模式。"等级制"财政制度是在军事独裁时期形成的，对财政管理效率重视不够，缺少有效的制度制衡。20 世纪 90 年代，智利民主制度的发展对"等级制"财政制度形成了挑战，要求财政改革的呼声日益高涨。20 世纪 90 年代财政改革的核心是，提高财政透明度和责任性，并限制政府各部门支配公共资源的"自由裁量权"，包括控制现金支出、及时披露预算执行情况、制定财政绩效指标、进行财政支出项目评估、实施管理改进计划，以更宽泛的目标对公务员的工作进行评估，尽量减少对公务员的评价或控制等。

在 20 世纪 90 年代末，受国际金融动荡的冲击和政府选举的影响，智利在保持财政纪律和财政支出的有效性方面暴露了一些问题。拉格斯总统执政后，积极深化了财政改革，措施主要有：（1）

---

① Jeffrey Frankel, Carlos Végh and Guillermo Vuletin, "On Graduation from Fiscal Procyclicality", *Journal of Development Economics*, Vol. 100, No. 1, Jan. 2013, pp. 32 – 47.

改革财政政策规则。实施以结构性预算平衡为基础的财政政策规则。(2) 完善中期财政预测。中央政府的中期财政预测由财政部预算办公室负责,仅在总量上对财政运行状况做出测算,为年度预算提供部分背景信息。(3) 改革预算分配方式。严格限制各部门根据过去预算总额来确定预算额度使用的规则,要求至少重新分配其预算额度的2%给新项目的支出预算。(4) 促成财政改革的社会共识。加强对金融问题的研究,如隐性债务、最低退休金保障和国有企业的盈利能力等,研究结果要上报给国会。(5) 改革财政管理制度。一是改革公共部门会计制度,强化公共机构的财务责任。二是公共部门的财务管理一体化,建立完整和统一的信息制度。三是加强流动性资金管理。①

(二) 结构性预算盈余

结构性预算平衡是IMF和OECD确立的财政政策评估方法,它能够消除影响预算的周期性因素,从构成预算的长期支出来评估财政政策。智利结构性预算平衡规则的制定,是为了消除经济周期和铜价两个外生性因素对预算的不利影响:一是能够减少经济主体对宏观经济政策预期的不确定性,有利于降低紧缩性货币政策的风险,即降低主权外债在外国金融市场上的风险溢价;二是只要让自动稳定器自动发挥作用,财政政策就可以有效发挥逆周期的调控功能;三是在经济衰退时,可以判断财政支出的削减是否有效,有助于避免过度的财政扩张。2000年以来,智利的结构性预算规则已经帮助其成功地实施了反周期财政政策调控。

智利的结构性财政制度由一组规则组成,第一规则是政府必须设定预算目标。最初设定的目标是盈余占国内生产总值的1%,主要是为了偿还债务。包括重新注资中央银行、提供退休金和清偿其他相关

---

① 孙洪波:《改革让他们走出了拉美式债务危机:智利财政改革成功经验及启示》,《中国经济导报》2006年8月29日第C03版。

负债，以及偿还美元外债务。由于确定性债务基本还清，其后目标在 2007 年下调至 GDP 的 0.5%，并在 2009 年降到 0。Frankel[1]认为这个目标缺乏弹性，长期难以维持，因为美国的平衡预算方案（零赤字）和欧盟"稳定与增长公约"GDP3% 的赤字上限都失败了。

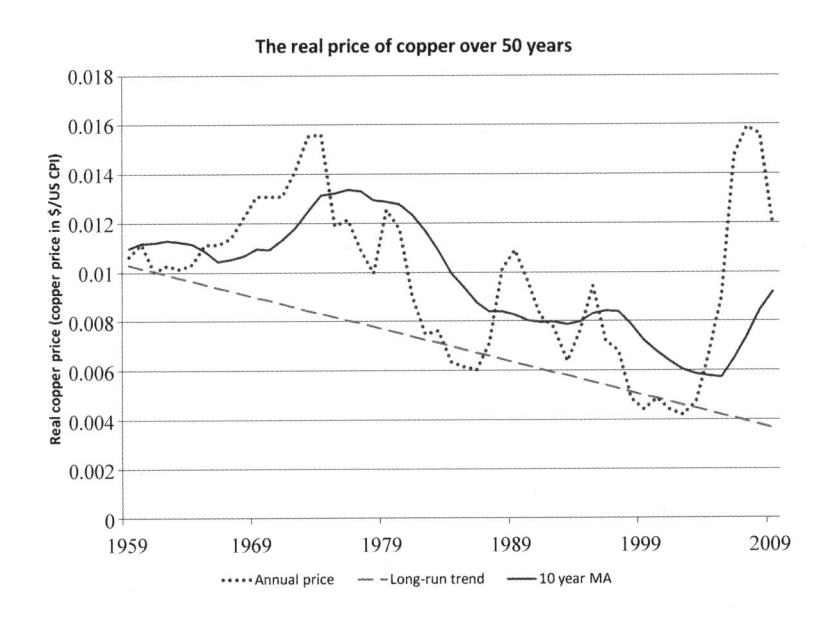

图 5 – 3 铜的实际价格

说明：数据来自 Jeffrey Frankel，"A Solution to Fiscal Procyclicality: The Structural Budget Institutions Pioneered by Chile", in *Fiscal Policy and Macroeconomic Performance*, edited by Luis Felipe Cespedes and Jordi Gall (Central Bank of Chile), 2012。

铜为智利提供了约 16% 的财政收入。由于大宗商品价格极其不稳定，铜价格的顺周期波动无疑是导致财政支出呈现顺周期波动的重要根源，其重要性已经远远超过了上述比重。因为铜是智利出口的核心

---

[1] Jeffrey Frankel, "A Solution to Fiscal Procyclicality: The Structural Budget Institutions Pioneered by Chile", in *Fiscal Policy and Macroeconomic Performance*, edited by Luis Felipe Cespedes and Jordi Gall (Central Bank of Chile), 2012.

内容，而经济地理中的中心—外围乘数又赋予了出口贸易更重要的产出增长含义。智利国家成立了不受政府影响的两个专家分析小组来分析产出和铜价格的长期趋势。结构性预算平衡制度的核心规则是，当（1）衰退期产出跌落至趋势部分以下，（2）铜价低于其 10 年中期均价时，政府可以执行比目标更高的赤字计划。

两个专家小组的任务，是分别在每年年中对产出趋势和铜价格的中期均衡价格进行判断，其中铜价小组的专家来自采矿公司、金融部门、研究机构和大学。依据这些数字和前置的税收、支出参数，政府的任务是通过特定程序，来做出结构性预算平衡的估计值。如果政府发现估计值与既定的预算目标产生了偏离，就依据预算目标来调整支出计划。正是这样一种机制，保证了结构性预算目标的实现。

在 2000 年到 2005 年，公共储蓄从占国内生产总值的 2.5% 上升至 7.9%，使得国民储蓄从 20.6% 上升至 23.6%。中央政府债务占 GDP 的比重大幅下降，主权债务利差逐渐下降。2006 年 12 月，智利已经实现了主权债务评级 A，远远超过了墨西哥、巴西和其他拉美国家。2007 年，智利已成为一个净债权国。2010 年 6 月主权评级已上升至 A + ，比很多富裕国家都要好，例如以色列和韩国的 A 级，更不用说冰岛的 BBB - 和希腊的 BB + 。

智利公共支出波动远小于过去的几十年，更小于财政收入。结构平衡的政策导致了 2001—2005 年 GDP 波动减少了 1/3。另一项研究认为，到目前为止，结构性预算政策可以完全消除铜价波动对实体经济的影响。

2003—2008 年铜价快速上涨，使结构性预算政策面临巨大考验。许多政治力量宣布铜的价格开始出现永久上升，从而证明支出应当与出口收入的增加相匹配。专家小组裁定，大部分的涨价是暂时的，大部分的盈利要保存。事实证明这是正确的，2008 年铜价的上升在第二年急转直下。因此，在铜价高企时，财政盈余达到了近 9%。国家用 GDP 的 4% 支付债务，并将 GDP 的 12% 左右存入主权财富基金，从而为 2008—2009 年衰退时的经济刺激方案提供了巨大的财政空间。

四 走出财政政策顺周期调控的中国方案

在中国的中长期预算研究可行性上,已有文献进行了很多有意义的探讨。例如中长期预算应当与经济发展规划相衔接。通过总结中国财政调控的典型事实(第一章)、分析中国改革开放以来的财政调控政策及其效果(第二章)、采用跨国面板来分析中国财政政策周期特征的国际视角(第三章)和分析分税制改革以来的地方财政支出周期特征(第四章),通过案例部分研究美国宏观调控历史演进基本规律、对美国的"权力制衡"和智利"专家预测"两个案例(第五章),本报告提出以下五个建议。

(一)保持政治定力、落实"稳中求进",严防财政调控大起大落

稳中求进已经从经济工作总基调上升为我国治国理政的重要原则。坚持稳中求进必须保持政治定力,防止宏观调控政策大起大落,既不能大水漫灌,也不能竞争性地暴力去杠杆。这些都会冲击国民经济,扭曲市场配置资源的信号。历史上看,从计划经济时期的财政大起大落,到2009年四万亿投资计划形成的巨量过剩产能(和后来艰难"前期政策消化"和去产能过程),都有不当调控的因素在里面。

政府政策执行力正在接近历史的顶峰。在政府执行力非常强的今天,任何调控政策都可能会面临层层加码的问题。严防当前的环境政策、产业政策、金融监管、地方债处置、土地调控、信贷政策等收缩性政策出现叠加而导致政策结果不可控。应当科学预测和把控监管政策的总量、幅度和时机,推进宏观调控政策的定量化预评估机制,建立市场对政策反应的政策反馈机制,及时对调控政策纠错、纠偏。

（二）提高政策效力，将积极财政政策的重点从"增支"转向"减税"

从2009年开始的"积极财政政策"已经持续了十年，应当及时总结经验，不断提高经济决策的科学化水平。任何政策都会面临边际效应递减问题，财政政策尤其如此。必须防止短期政策长期化、防止政策惰性。总体来看，积极财政政策的主体已经从扩张政府支出面，转向政府收入面的力度越来越大的"减税降费"。2019年在加力增效的要求下，通过增值税税率下调、提高个人所得税扣除额和综合计征，通过将增值税小规模纳税人起征点由月销售额3万元提高到10万元而对小微企业实行普惠性税收减免等，推行的减税降费政策会达到历史最高值（接近2万亿元）。

（三）适应新时代国家治理，调整财政支出结构，减少政府资本性支出

中国进入新时代，中国经济也进入新时代。新时代的历史性定位，意味着中国今天的经济形势已经与以往大不相同。从计划经济时期形成的政府以财政支出来强化"生产者"的身份应当不断弱化，新时代国家治理的推进、市场在资源配置中起"决定性作用"的实现，以及"形成强大的国内市场要求"都要求政府最大程度地减少生产干预和对生产资源配置的扭曲，将工作的重点转向推进国家治理、提高国家治理能力上。

适应新时代的需要，解决人民日益增长的美好生活需要和不平衡不充分的发展之间的矛盾，满足人民群众在民主、法治、公平、正义、安全、环境的需要，就要大幅度调整财政支出结构，增加对脱贫攻坚、"三农"、结构调整、科技创新、生态环保、民生等领域投入，减少财政资本性支出。

基本建设等资本项支出多，一直是中国财政支出的典型特征。但是由于资本支出的连续性特征，一旦开始投资就必须把在未来若干年连续投资把项目完成，而不管经济形势是否发生了重大变化。这就导

致调控政策很难应时而变,甚至出现顺周期调控问题(第二章)。压缩政府生产性支出,是缓解财政顺周期调控的重要手段。

(四)学习国际经验,推行与中长期发展计划相合的政府中长期预算制度

尽快制定中国的中长期预算报告,建立国家储蓄的跨期分配机制。首先是要将现有的"公共财政预算"、"社保基金预算"、"国有资本经营预算"和"政府性基金"预算归并成为统一预算,使不同的预算在年内可以衔接,跨年度之间具有统一可比性。解决预算超收如何支出,预算赤字和国债规模如何确定的问题。在编制经验上,财政部编制了《1998—2002年国家财政发展计划》和《2004—2007年国家财政滚动发展计划》,并组织各省(直辖市、计划单列市)级政府编制地方财政发展三年滚动计划。河北从2008年起对"三年大变样"的发展性支出试编三年滚动预算。但是受到部门和区域限制,这些预算都是本部门、本辖区的财政预算,不是全国统一预算。在中国现有的政治体制和转移支付格局下,全国中长期预算远比地方要重要得多。

目前来看,中长期预算和财政三年滚动计划基本上是有皮没核、有形式没内容。因为与国民经济和社会发展规划的项目和内容不能衔接,财政跨年机制都处在空转状态。这就需要在现有制度的基础上,通过科学的预测,把财政部门主导的财政形势预测和发改部门主导的中长期发展规划有效衔接起来。科学化、法制化的界定哪些项目需要政府出资,既要防止"项目等钱",也要防止"钱等项目"。

(五)加强财政预测,建设法制化的第三方预测机构

建立独立的政府收支预测机构,统一对各项政府收支进行总量和分量预测。现有的财政收支预测大多是由同级政府做出的,然后由财政部门层层加码进行下达部门执行,与其说是科学预测,不如说是行政命令,科学性无从谈起。目前为止,国内对于公共财政收支预测的实验室、研究室已经比较普遍，但大部分是闭门造车，成果却千差万别，很多不具有可信度。例如前一个时期对养老金缺口的测算，不同口径得出的结果就相差十倍甚至上百倍，难以成为政策指定的科学依据。为此，仿照美国国会办公室（Congressional Budget office）或者英国的英国预算责任办公室（United Kingdom Office for Budget Responsibility），由预算部门成立专门的独立分析机构，统一全国的财政研究力量、建设司法授权的独立第三方财政预测机构就非常有必要。

附　录

第三章 附录1　　中国质量指数ICRG

年份	政府稳定	社会经济	投资指数	国内冲突	国际冲突	腐败	军政	宗教	律法	民族	民主责任	官僚	ICRG	FVV
1984	9.00	9.00	8.57	10.14	7.00	4.00	3.00	5.00	2.86	4.00	4.00	1.86	68.43	17.29
1985	8.08	8.83	7.67	10.00	7.00	4.00	4.00	5.00	3.00	4.00	4.00	2.00	67.58	16.67
1986	8.00	8.25	6.17	10.00	7.00	3.17	4.00	5.00	3.00	4.00	4.00	2.00	64.58	14.33
1987	6.17	7.25	6.00	10.00	6.58	3.17	4.00	5.17	3.00	4.00	4.00	2.00	61.33	14.17
1988	5.67	6.92	6.00	10.58	8.08	4.00	4.00	6.00	3.00	3.17	4.00	2.00	63.42	15.00
1989	4.08	5.42	5.08	10.42	10.00	4.00	2.83	6.00	3.00	3.00	4.00	2.00	59.83	14.08
1990	4.00	4.58	5.00	10.00	10.00	4.00	2.00	6.00	3.00	3.00	3.33	2.00	56.92	14.00
1991	4.00	5.58	5.33	10.00	10.00	4.00	2.00	6.00	3.00	3.00	3.00	2.00	57.92	14.33
1992	6.67	7.17	6.83	11.17	10.17	4.50	2.00	6.00	4.17	4.17	3.00	2.42	68.25	17.92
1993	7.75	7.08	6.50	11.92	12.00	4.50	2.00	6.00	5.00	5.00	2.50	2.00	72.25	18.00
1994	7.00	6.00	5.75	11.00	12.00	4.00	2.00	6.00	5.00	5.00	2.00	2.00	67.75	16.75
1995	7.67	7.50	5.33	11.00	10.67	4.00	2.00	6.00	5.00	5.00	2.00	2.67	68.83	17.00
1996	9.58	6.67	7.50	11.17	9.33	2.00	2.00	6.00	5.00	5.50	2.00	2.50	69.25	17.00
1997	10.75	7.00	7.58	10.92	9.92	2.00	2.00	6.00	5.00	4.17	1.50	2.00	68.83	16.58
1998	11.17	6.50	6.17	10.00	10.42	2.00	2.00	6.00	5.00	4.00	1.00	2.00	66.25	15.17
1999	11.25	4.50	6.25	10.00	9.08	2.00	2.00	5.33	5.00	4.00	1.00	2.00	62.42	15.25

续表

年份	政府稳定	社会经济	投资指数	国内冲突	国际冲突	腐败	军政	宗教	律法	民族	民主责任	官僚	ICRG	FVV
2000	12.00	4.00	8.42	10.00	10.00	1.08	2.00	3.17	4.75	4.00	1.00	2.00	62.42	16.25
2001	10.71	6.00	8.33	10.08	9.46	1.00	2.00	3.67	4.00	4.00	1.00	2.00	62.25	15.33
2002	10.50	6.67	7.50	10.71	10.92	1.00	2.46	4.13	4.50	4.92	1.00	2.00	66.29	15.00
2003	10.88	6.58	7.50	11.33	11.00	1.92	2.88	4.92	4.50	5.00	1.00	2.00	69.50	15.92
2004	11.00	6.96	7.42	11.38	10.92	2.00	3.00	5.00	4.50	5.00	1.00	2.00	70.17	15.92
2005	11.00	8.33	7.21	10.33	10.04	2.00	3.00	5.00	4.50	4.83	1.00	2.00	69.25	15.71
2006	11.00	8.75	7.29	10.00	9.42	1.88	3.00	5.00	4.50	4.50	1.00	2.00	68.33	15.67
2007	11.00	8.88	7.08	10.25	9.58	2.13	3.00	5.00	4.50	4.50	1.21	2.00	69.13	15.71
2008	10.67	7.79	7.00	9.63	10.00	2.50	3.00	5.00	4.50	4.50	1.50	2.00	68.08	16.00
2009	10.50	7.71	7.00	9.33	9.96	2.50	3.00	5.00	4.50	4.00	1.50	2.00	67.00	16.00
2010	10.25	8.00	6.50	9.25	9.38	2.00	3.00	5.00	4.08	3.50	1.50	2.00	64.46	14.58

附录2　国际比较（国家和地区）

	Country Name	Country Code	devp	起止时间
1	澳大利亚	AUS	发达国家	1980—2016
2	奥地利	AUT	发达国家	1980—2016
3	比利时	BEL	发达国家	1980—2016
4	贝宁	BEN	发展中国家	1980—2016
5	布基纳法索	BFA	发展中国家	1980—2016
6	孟加拉国	BGD	发展中国家	1980—2016
7	保加利亚	BGR	发展中国家	1981—2016
8	玻利维亚	BOL	发展中国家	1980—2016
9	巴西	BRA	发展中国家	1980—2016
10	博茨瓦纳	BWA	发展中国家	1980—2016
11	加拿大	CAN	发达国家	1980—2016
12	瑞士	CHE	发达国家	1980—2016

续表

	Country Name	Country Code	devp	起止时间
13	智利	CHL	发展中国家	1980—2016
14	中国	CHN	发展中国家	1990—2016
15	喀麦隆	CMR	发展中国家	1980—2016
16	刚果（布）	COG	发展中国家	1980—2016
17	哥伦比亚	COL	发展中国家	1980—2016
18	哥斯达黎加	CRI	发展中国家	1980—2016
19	古巴	CUB	发展中国家	1980—2016
20	塞浦路斯	CYP	发达国家	1980—2016
21	德国	DEU	发达国家	1980—2016
22	丹麦	DNK	发达国家	1980—2016
23	多米尼加	DOM	发展中国家	1980—2016
24	阿尔及利亚	DZA	发展中国家	1980—2016
25	厄瓜多尔	ECU	发展中国家	1980—2016
26	埃及	EGY	发展中国家	1980—2016
27	西班牙	ESP	发达国家	1980—2016
28	芬兰	FIN	发达国家	1980—2016
29	法国	FRA	发达国家	1980—2016
30	加蓬	GAB	发展中国家	1980—2016
31	英国	GBR	发达国家	1980—2016
32	冈比亚	GMB	发展中国家	1980—2016
33	赤道几内亚	GNQ	发展中国家	1980—2016
34	希腊	GRC	发达国家	1980—2016
35	危地马拉	GTM	发展中国家	1980—2016
36	中国香港	HKG	发达地区	1980—2016
37	洪都拉斯	HND	发展中国家	1980—2016
38	印度尼西亚	IDN	发展中国家	1980—2016
39	印度	IND	发展中国家	1980—2016
40	爱尔兰	IRL	发达国家	1980—2016
41	伊朗	IRN	发展中国家	1980—2016
42	冰岛	ISL	发达国家	1980—2016

续表

	Country Name	Country Code	devp	起止时间
43	以色列	ISR	发达国家	1980—2016
44	意大利	ITA	发达国家	1980—2016
45	日本	JPN	发达国家	1980—2016
46	肯尼亚	KEN	发展中国家	1980—2016
47	韩国	KOR	发达国家	1980—2016
48	斯里兰卡	LKA	发展中国家	1980—2016
49	卢森堡	LUX	发达国家	1980—2016
50	摩洛哥	MAR	发达国家	1980—2016
51	马达加斯加	MDG	发展中国家	1980—2016
52	墨西哥	MEX	发展中国家	1980—2016
53	莫桑比克	MOZ	发展中国家	1980—2016
54	毛里塔尼亚	MRT	发展中国家	1980—2016
55	毛里求斯	MUS	发展中国家	1980—2016
56	马来西亚	MYS	发展中国家	1980—2016
57	纳米比亚	NAM	发展中国家	1980—2016
58	尼日利亚	NGA	发展中国家	1980—2016
59	尼加拉瓜	NIC	发展中国家	1980—2016
60	荷兰	NLD	发达国家	1980—2016
61	挪威	NOR	发达国家	1980—2016
62	新西兰	NZL	发达国家	1980—2016
63	巴基斯坦	PAK	发展中国家	1980—2016
64	巴拿马	PAN	发展中国家	1980—2016
65	秘鲁	PER	发展中国家	1980—2016
66	菲律宾	PHL	发展中国家	1980—2016
67	波多黎各	PRI	发展中国家	1980—2016
68	葡萄牙	PRT	发达国家	1980—2016
69	卢旺达	RWA	发展中国家	1980—2016
70	苏丹	SDN	发展中国家	1980—2016
71	塞内加尔	SEN	发展中国家	1980—2016
72	新加坡	SGP	发达国家	1980—2016
73	塞拉利昂	SLE	发展中国家	1980—2016

续表

	Country Name	Country Code	devp	起止时间
74	萨尔瓦多	SLV	发展中国家	1980—2016
75	瑞典	SWE	发达国家	1980—2016
76	斯威士兰	SWZ	发展中国家	1980—2016
77	多哥	TGO	发展中国家	1980—2016
78	泰国	THA	发展中国家	1980—2016
79	特立尼达和多巴哥	TTO	发展中国家	1980—2016
80	突尼斯	TUN	发展中国家	1980—2016
81	乌拉圭	URY	发展中国家	1980—2016
82	美国	USA	发达国家	1980—2016
83	委内瑞拉	VEN	发展中国家	1980—2016
84	南非	ZAF	发展中国家	1994—2016

附录3 ABCD 四组跨国回归结果

A

	POLS			FE		
	全部	发达	发展中	全部	发达	发展中
BetaA	0.479***	0.273***	0.489***	0.436***	0.159***	0.460***
	[6.57]	[7.24]	[5.71]	[13.40]	[5.44]	[10.69]
L.lgc	-0.994***	-0.873***	-0.999***	-1.001***	-0.900***	-1.003***
	[-9.22]	[-9.13]	[-9.09]	[-42.63]	[-20.04]	[-34.36]
T*1000	0.391***	-0.340***	0.758***	0.404**	-0.409***	0.793***
	[3.57]	[-4.55]	[4.46]	[2.98]	[-5.61]	[3.76]
常数	0.00781*	0.0225***	0.00337	0.00900**	0.0270***	0.00377
	[2.24]	[10.90]	[0.72]	[2.85]	[13.91]	[0.79]
观测值	2872	1043	1829	2872	1043	1829

B

	POLS			FE		
	全部	发达	发展中	全部	发达	发展中
BetaB	0.858***	0.333***	0.942***	0.871***	0.323***	0.969***
	[3.70]	[4.53]	[3.59]	[11.96]	[5.66]	[10.12]
L.lgc	-0.000482	-0.000399	-0.000427	-0.0713***	-0.0395***	-0.0881***
	[-1.03]	[-0.77]	[-0.71]	[-10.32]	[-6.56]	[-9.54]
T*1000	0.425**	-0.455***	0.957***	2.72***	0.488***	4.19***
	[3.01]	[-5.01]	[4.38]	[9.56]	[2.87]	[9.65]
常数	0.0268***	0.0355***	0.0205**	0.488***	0.305***	0.573***
	[5.21]	[7.37]	[2.88]	[10.81]	[7.35]	[9.79]
N	2872	1043	1829	2872	1043	1829

C

	POLS			FE		
BetaC	全部	发达	发展中	全部	发达	发展中
lgdp	0.0478***	0.0420***	0.0552***	0.158***	0.0886***	0.160***
	[4.49]	[9.81]	[3.59]	[15.68]	[11.17]	[11.96]
L.lgc	0.952***	0.958***	0.944***	0.837***	0.896***	0.823***
	[89.46]	[217.81]	[60.87]	[91.87]	[111.69]	[68.71]
T*1000	0.452	-0.130	0.649	-1.54	-0.223	-1.65
	[0.61]	[-0.38]	[0.56]	[-1.94]	[-0.52]	[-1.38]
t2*10000	-0.00501	-0.0135	0.00389	0.0398*	-0.00635	0.0691*
	[-0.27]	[-1.64]	[0.13]	[2.10]	[-0.72]	[2.31]
常数	-0.0631**	-0.0362***	-0.0862**	-0.218***	0.0000496	-0.173
	[-2.98]	[-4.77]	[-2.70]	[-3.40]	[0.00]	[-1.93]
N	2872	1043	1829	2872	1043	1829

D

BetaD	POLS			FE		
	全部	发达	发展中	全部	发达	发展中
deltagdp	0.651***	0.243***	0.704***	0.618***	0.225***	0.704***
	[5.55]	[4.82]	[5.25]	[14.32]	[4.72]	[4.20]
L.lgc*1000	-0.621	-0.353	-0.730	-0.566***	-0.486	-0.730
	[-1.38]	[-0.73]	[-1.26]	[-8.10]	[-0.56]	[-0.98]
L.deltagdp	0.173*	0.233***	0.160	0.196***	0.212***	0.160
	[1.96]	[4.80]	[1.58]	[4.61]	[5.60]	[1.42]
T*1000	0.454**	-0.133	0.652**	2.29***	-0.153	0.652**
	[3.27]	[-1.54]	[2.95]	[7.87]	[-1.16]	[2.59]
常数	-0.00159	0.0152***	-0.00467	0.363***	0.0177*	-0.00467
	[-0.25]	[3.43]	[-0.59]	[7.93]	[2.21]	[-0.75]
N	2786	1011	1775	2786	1011	1775

说明：ABCD 四个表格中，[ ] 内是 t 统计值，* $p<0.05$，** $p<0.01$，*** $p<0.001$。

第四章 附录　31 个省份财政支出波动与产出波动

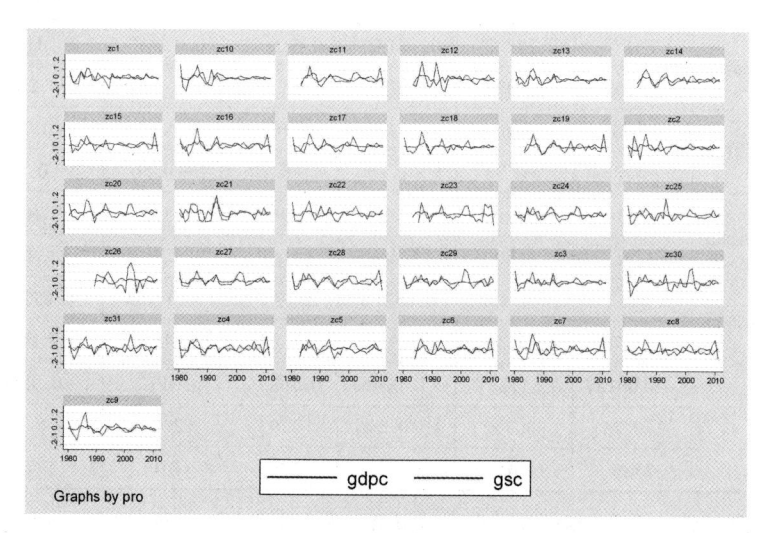

变量统计特征

Variable	Obs	Mean	Std. Dev.	Min	Max
gsz	972	.1368049	.0582624	.0390499	.4997832
transfer	972	.2511428	.6913724	-8.147429	1.131034
gdpc	961	4.43e-10	.0290313	-.1084335	.1358284
gsc	959	3.87e-10	.0627709	-.1745311	.2226961
pgdp	956	7.309673	.8923796	5.389072	9.676801
ext	970	6.017178	.030843	5.819945	6.075923

变量相关性检验

	gsc	gdpc	gsz	transfer	pgdp	ext
gsc	1.0000					
gdpc	0.2182	1.0000				
gsz	0.0597	-0.0285	1.0000			
transfer	0.0441	-0.0108	0.3126	1.0000		
pgdp	0.0197	0.0516	0.1568	0.0447	1.0000	
ext	-0.0063	0.0247	-0.0245	-0.1557	0.6498	1.0000

参考文献

一 中文参考文献

（一）中文著作

高培勇、张斌、王宁主编：《中国公共财政建设报告2012》（全国版），社会科学文献出版社2012年版。

高培勇主编：《共和国财税60年》，人民出版社2009年版。

黄安年：《六十年代美国政府的社会改革》，载《美国社会经济史论》，山西教育出版社1993年版。

理查德·A.马斯格雷夫、佩吉·B.马斯格雷夫：《财政理论与实践》，邓子基、邓力平译，中国财政经济出版社2003年版。

林毅夫、蔡昉、李周：《中国的奇迹：发展战略与经济改革（增订版）》，上海人民出版社2002年版。

倪家铸、严英龙、陈升、章寿荣：《地方政府投资行为研究》，中国经济出版社1993年版。

萨尔瓦托雷·斯基亚沃—坎波、丹尼尔·托马西：《公共支出管理》，中国财政经济出版社2001年版。

吴敬琏：《当代中国经济改革教程》，上海远东出版社2010年版。

吴敬琏：《当代中国经济改革：战略与实施》，上海远东出版社1999年版。

武力主编：《中华人民共和国经济史》（上、下册），中国经济出版社

1999年版。

希瑞克斯、迈尔斯：《中级公共经济学》，张晏等译，格致出版社2011年版。

张五常：《中国的经济制度（神州大地增订版）》，中信出版社2009年版。

周太和主编：《当代中国的经济体制改革》，中国社会科学出版社1984年版。

[美] 赫伯特·斯坦：《美国总统经济史：从罗斯福到克林顿》，金清译，吉林人民出版社2011年版。

[美] 杰弗里·法兰克尔、彼得·奥萨格编：《美国90年代的经济政策》，徐卫宇译，中信出版社2004年版。

[美] 马丁·费尔德斯坦主编：《20世纪80年代美国经济政策》，王健等译，经济科学出版社2000年版。

[匈] 亚诺什·科尔内：《短缺经济学》（上、下卷），张晓光、李振宁等译，经济科学出版社1986年版。

[英] 布莱恩·斯诺登、霍华德·R.文：《现代宏观经济学：起源、发展和现状》，佘江涛等译，江苏人民出版社2009年版。

（二）中文期刊

安体富：《中国转移支付制度：现状、问题、改革建议》，《财政研究》2007年第1期。

陈秀山、徐瑛：《我国地区差距的基本特征与完善转移支付制度》，《经济学动态》2004年第11期。

范子英、张军：《财政分权、转移支付与国内市场整合》，《经济研究》2010年第3期。

范子英、张军：《粘纸效应：对地方政府规模膨胀的一种解释》，《中国工业经济》2010年第12期。

范子英、张军：《中国如何在平衡中牺牲了效率：转移支付的视角》，《世界经济》2010年第11期。

范子英：《转移支付、基础设施投资与腐败》，《经济社会体制比较》

2013年第2期。

方红生：《顺周期性财政政策研究进展》，《经济学动态》2009年第1期。

方红生、张军：《中国地方政府竞争、预算软约束与扩张偏向的财政行为》，《经济研究》2009年第12期。

方红生、张军：《中国地方政府扩张偏向的财政行为：观察与解释》，《经济学（季刊）》2009年第3期。

伏润民、常斌、缪小林：《我国省对县（市）一般性转移支付的绩效评价——基于DEA二次相对效益模型的研究》，《经济研究》2008年第11期。

付敏杰：《中国有多少结构问题？》，《经济学动态》2013年第5期。

付文林、沈坤荣：《均等化转移支付与地方财政支出结构》，《经济研究》2012年第5期。

傅勇：《财政分权改革提高了地方财政激励强度吗？》，《财贸经济》2008年第7期。

高培勇：《多重目标宏观经济政策布局下的中国结构性减税》，《中国市场》2012年第50期。

高培勇：《复杂多变经济形势背景下的宏观政策抉择》，《财贸经济》2013年第2期。

高培勇：《公共财政：概念界说与演变脉络——兼论中国财政改革30年的基本轨迹》，《经济研究》2008年第12期。

高培勇：《中国税收持续高速增长之谜》，《经济研究》2006年第12期。

谷成：《基于财政均等化的政府间转移支付制度设计》，《财贸经济》2010年第6期。

郭庆旺、贾俊雪：《中央财政转移支付与地方公共服务提供》，《世界经济》2008年第9期。

胡锦光、王书成：《美国信息公开推定原则及方法启示》，《南京大学学报》2009年第6期。

黄玖立、李坤望：《出口开放、地区市场规模和经济增长》，《经济研究》2006年第6期。

贾康、白景明：《县乡财政解困与财政体制创新》，《经济研究》2002年第2期。

贾晓俊、岳希明：《我国均衡性转移支付资金分配机制研究》，《经济研究》2012年第1期。

贾晓俊：《政府间转移支付制度横向均衡效应研究》，《经济学动态》2009年第3期。

解垩：《转移支付与公共品均等化分析》，《统计研究》2007年第6期。

金戈：《中国基础设施资本存量估算》，《经济研究》2012年第4期。

金太军、汪波：《经济转型与我国中央—地方关系制度变迁》，《管理世界》2003年第6期。

寇铁军：《完善我国政府间转移支付制度的若干思考》，《财贸经济》2004年第5期。

李俊生、王淑杰：《论国会预算权力的实现机制：基于中美两国的比较分析》，《宏观经济研究》2011年第3期。

李齐云、刘小勇：《分税制、转移支付与地区财政差距研究》，《财贸经济》2009年第12期。

李幸祥：《美国行政过程中的信息公开制度研究和借鉴》，《人大研究》2013年第2期。

李永友、沈玉平：《转移支付与地方财政收支决策——基于省级面板数据的实证研究》，《管理世界》2009年第11期。

刘溶沧、焦国华：《地区间财政能力差异与转移支付制度创新》，《财贸经济》2002年第6期。

刘溶沧：《重建中国政府间财政转移支付制度的总体构想》，《管理世界》1996年第4期。

刘尚希、李敏：《论政府间转移支付的分类》，《财贸经济》2006年第3期。

刘生龙、胡鞍钢：《交通基础设施与经济增长：中国区域差距的视角》，《中国工业经济》2010年第4期。

刘怡、张淑芳：《公共选择理论与美国的预算赤字》，《经济理论与经济管理》1992年第2期。

楼继伟、李克平：《关于建立我国财政转移支付新制度的若干问题》，《经济改革与发展》1995年第10期。

陆铭、陈钊：《分割市场的经济增长：为什么经济开放可能加剧地方保护？》，《经济研究》2009年第3期。

陆铭、陈钊、严冀：《收益递增、发展战略与区域经济的分割》，《经济研究》2004年第1期。

陆铭、陈钊、杨真真：《平等与增长携手并进》，《经济学（季刊）》第6卷2007年第2期。

马骏、温明月：《税收、租金与治理：理论与检验》，《社会学研究》2012年第2期。

马骏：《中国财政国家转型：走向税收国家？》，《吉林大学社会科学学报》2011年第1期。

马骏：《中国公共预算改革的目标选择：近期目标与远期目标》，《中央财经大学学报》2005年第10期。

马拴友、于红霞：《转移支付与地区经济收敛》，《经济研究》2003年第3期。

毛捷、汪德华、白重恩：《民族地区转移支付、公共支出差异与经济发展差距》，《经济研究》2011年第S2期。

裴长洪、杨志勇：《中央对新疆财政转移支付制度设计思路的转变》，《财政研究》2007年第5期。

齐守印：《建立我国政府间转移支付制度的初步构想》，《财政研究》1994年第9期。

乔宝云、范剑勇、彭骥鸣：《政府间转移支付与地方财政努力》，《管理世界》2006年第3期。

沈立人、戴园晨：《我国"诸侯经济"的形成及其弊端和根源》，《经济研究》1990 年第 3 期。

沈立人:《农村工业化和国家工业化》,《中国工业经济》1986 年第 7 期。

石英华:《预算与政府中长期规划紧密衔接的机制研究——研究改善政府预算执行的新视角》,《财政研究》2012 年第 8 期。

孙开:《财政转移支付手段整合与分配方式优化研究》,《财贸经济》2009 年第 7 期。

孙天琦、杨岚、苗文龙:《中国财政政策是否具有顺周期性》,《当代经济科学》2010 年第 3 期。

陶然、陆曦、苏福兵、汪晖:《地区竞争格局演变下的中国转轨:财政激励和发展模式的反思》,《经济研究》2009 年第 7 期。

王熙:《美国预算制度变迁及其对中国的启示》,《中央财经大学学报》2010 年第 2 期。

王志刚:《中国财政政策的反周期性效果:基于 1978 年以来的经验事实》,《财政研究》2010 年第 11 期。

吴金鹏、岢岚馨:《美国政府信息公开相关法律与制度解读》,《情报科学》2012 年第 6 期。

伍文中:《构建有中国特色的横向财政转移支付制度框架》,《财政研究》2012 年第 1 期。

杨灿明、孙群力:《外部风险对中国地方政府规模的影响》,《经济研究》2008 年第 9 期。

杨晓萌:《中国生态补偿与横向转移支付制度的建立》,《财政研究》2013 年第 2 期。

尹恒、康琳琳、王丽娟:《政府间转移支付的财力均等化效应——基于中国县级数据的研究》,《管理世界》2007 年第 1 期。

尹恒、朱虹:《中国县级地区财力缺口与转移支付的均等性》,《管理世界》2009 年第 4 期。

袁飞、陶然、徐志刚、刘明兴:《财政集权过程中的转移支付和财政供养人口规模膨胀》,《经济研究》2008 年第 5 期。

苑德宇:《民间资本参与是否增进了中国城市基础设施绩效》,《统计研究》2013 年第 2 期。

曾红颖:《我国基本公共服务均等化标准体系及转移支付效果评价》,《经济研究》2012 年第 6 期。

曾军平:《政府间转移支付制度的财政平衡效应研究》,《经济研究》2000 年第 6 期。

张平、付敏杰:《稳定化政策基准、期限和激励政策组合》,《经济学动态》2011 年第 11 期。

张学诞:《结构性减税政策:回顾与展望》,《地方财政研究》2012 年第 5 期。

中国社会科学院工业经济研究所课题组:《告别短缺经济的中国工业发展》,《中国工业经济》1999 年第 5 期。

(三) 学术论文、报纸

崔潮:《中国现代化进程中的财政制度变迁》,博士学位论文,财政部财政科学研究所,2011 年。

孙洪波:《改革让他们走出了拉美式债务危机:智利财政改革成功经验及启示》,《中国经济导报》2006 年 8 月 29 日第 C03 版。

杨志勇:《"结构性减税"应转向"全面减税"》,《东方早报》2012 年 7 月 4 日。

二 英文参考文献

Aaron Tornell and Philip Lane, "The Voracity Effect", *American Economic Review*, Vol. 89, No. 1, 1999.

Abbott Andrew and Philip Jones, "Budget Deficits and Social Protection: Cyclical Government Expenditure in the OECD", *Economics Letters*, Vol. 117, 2012.

A. Drazen, "The Optimal Rate of Inflation Revisited", *Journal of Monetary Economics*, Vol. 5, 1979 (April).

Alan Auerbach, "The Fall and Rise of Keynesian Fiscal Policy", *Asian Eco-*

nomic Policy Review, 2012.

Alan Auerbach, "William Gale and Benjamin Harris, Activist Fiscal Policy", *Journal of Economic Perspectives*, 2010.

Alan Greenspan, *The Age of Turbulence: Adventures in a New World*, Oversea Publishing House, 2007.

Alberto Alesina and Andrea Stella, "The Politics of Monetary Policy", In Benjamin M. Friedman and Michael Woodford (eds.), *Handbook of Monetary Economics*, Vol. 3, 2010.

Alberto Alesina and Dani Rodrik, "Distributive Politics and Economic Growth", *Quarterly Journal of Economics*, Vol. 109, No. 2, 1994.

Alberto Alesina and Lawrence H. Summers, "Central Bank Independence and Macroeconomic Performance: Some Comparative Evidence", *Journal of Money, Credit and Banking*, Vol. 25, No. 2, 1993 (May).

Alberto Alesina, Filipe Campante, Guido Tabellini, "Why is Fiscal Policy Often Procyclical?", *Journal of the European Economic Association*, Vol. 6, No. 5, 2008.

Andrew Abbott and Philip Jones, "Intergovernmental Transfers and Procyclical Public Spending", *Economics Letters*, Vol. 115, 2012.

Antonio Fatás and Ilian Mihov, "The Euro and Fiscal Policy", *NBER Working Paper*, No. 14722, 2009.

Ben Lockwood, "Distributive Politics and the Costs of Centralization", *Review of Economic Studies*, Vol. 69, No. 2, 2002.

Besley Timothy and Roberto Zagha, *Development Challenges in the 1990s: Leading Policymakers Speak from Experience*, Oxford University Press, The World Bank, 2010.

Carlos Végh and Guillermo Vuletin, "How do Federal Transfers Systems Affect Fiscal Policy Cyclicality at the Sub-national Level?", Working Paper, 2011.

Carlos Végh and Guillermo Vuletin, "How is Tax Policy Conducted Over the Business Cycle?", *NBER Working Paper*, No. 17753, 2012.

Carlos Végh and Guillermo Vuletin, "How is Tax Policy Conducted over the Business Cycle?", *NBER Working Paper*, No. 17753, 2012.

Carlos Végh and Guillermo Vuletin, "On the Cyclicality of Tax Rate Policy", University of Maryland and Colby College, Working Paper, 2011.

Carmen M. Reinhart, Kenneth Rogoff, and Rong Qiang, "On Graduation from Default, Inflation and Banking Crises: Elusive or Illusion?", *NBER Working Paper*, No. 16168, 2010.

Casey Mulligan, "The ARRA: Some Unpleasant Welfare Arithmetic", *NBER Working Paper*, No. 18591, 2012.

C. Chamley, "On a Simple Rule for the Optimal Inflation Rate in Second Best Taxation", *Journal of Public Economics*, Vol. 26 (February), 1985.

Chenggang Xu, "The Fundamental Institutions of China's Reforms and Development", *The Journal of Economic Literature*, Vol. 49, No. 4, 2011.

Christina Romer and David Romer, "A Narrative Analysis of Postwar Tax Changes", Unpublished, Working Paper, University of California, 2009.

Christina Romer and David Romer, "The Evolution of Economic Understanding and Postwar Stabilization Policy in Rethinking Stabilization Policy", Kansas City: Federal Reserve Bank of Kansas City, 2002.

Christina Romer and David Romer, "The Macroeconomic Effects of Tax Changes: Estimates Based on a New Measure of Fiscal Shocks", *American Economic Review*, Vol. 100, 2010 (June).

Christina Romer, "Fiscal Policy in the Crisis: Lessons and Policy Implications", *IMF Fiscal Forum*, 2012.

Christina Romer, *The Great Depression*, Encyclopaedia Britannica, 2003.

Congressional Budget Office, "Five-Year Budget Projections: Fiscal Years 1977–1981", 1976, CBO Web.

César Calderón, R. Duncan and K. Schmidt-Hebbel, "Do Good Institutions Promote Countercyclical Macroeconomic Policies?", *Oxford Bulletin of Economics and Statistics*, Vol. 78, No. 5, 2016.

Daniel Kaufmann, Aart Kraay and Massimo Mastruzzi, "The Worldwide Governance Indicators: A Summary of Methodology, Data and Analytical Issues", *World Bank Policy Research Working Paper*, No. 5430, 2010.

Daniel Tarschys, Tariffs Tribute, "Taxes and Trade: The Changing Sources of Government Revenue", *British Journal of Political Science*, Vol. 35, 1988.

Dani Rodrik, "Goodbye Washington Consensus, Hello Washington Confusion?", *Journal of Economic Literature*, XLIV, 2006.

Dani Rodrik, "Why Do More Open Economies Have Bigger Governments?", *Journal of Political Economy*, Vol. 106, 1998.

Dany Jaimovich and Ugo Panizza, "Procyclicality or Reverse Causality?", *RES Working Papers1029*, 2007.

Daron Acemoglu, "Mikhail Golosov and Aleh Tsyvinski, Markets Versus Governments", *Journal of Monetary Economics*, Vol. 55, 2008.

D. Bergvall, C. Charbit, D. Kraan, O. Merk, "Intergovernmental Transfers and Decentralized Publics Pending", *OECD Journal of Budgeting* 5, 2006.

Edmund S. Phelps, "Inflation in a Theory of Public Finance", *Swedish Journal of Economics*, Vol. 75, No. 1, 1973.

Eric Leeper, Todd Walker and Shu-Chun Yang, "Government Investment and Fiscal Stimulus", *Journal of Monetary Economics*, Vol. 57, 2010.

Ernesto Talvi and Carlos Végh, "Tax Base Variability and Procyclicality of Fiscal Policy", *Journal of Development Economics*, Vol. 78, 2005.

Ethan Ilzetski and Carlos Végh, "Procyclical Fiscal Policy in Developing Countries: Truth or Fiction?", *NBER Working Paper*, No. 14191, 2008.

Fabrizio Carmignani and James Laurenceson, "Provincial Business Cycles and Fiscal Policy in China", *Economics of Transition*, Vol. 21, No. 2, 2013.

Federal Reserve Bank of Kansas City, *Financial Stability and Macroeco-*

nomic Policy, 2009.

F. Kydland and E. Prescott, "Rules Rather Than Discretion: The Inconsistency of Optimal Plans", *Journal of Political Economy*, Vol. 85, 1977.

G. Mankiw, "The Optimal Collection of Seigniorage", *Journal of MonetaryEconomics*, Vol. 20, 1987.

Graciela Kaminsky, Carmen Reinhart and Carlos Végh, "When It Rains, It Pours: Pro-cyclical Capital Flows and Macroeconomic Policies", *NBER Macroeconomics Annual*, Vol. 19, 2004.

Havard Halland and Michael Bleaney, "Explaining the Procyclicality of Fiscal Policy in Developing Countries", *CREDIT Research Paper*, No. 11/09, 2011.

Jaejong Woo, "Why Do More Polarized Countries Run More Procyclical Fiscal Policy?", *The Review of Economics and Statistics*, Vol. 91, No. 4, 2009.

James Poterba, "State Responses to Fiscal Crises: The Effects of Budgetary Institutions", *Journal of Political Economy*, Vol. 102, 1994.

Jeffrey Frankel, "A Lesson from The South for Fiscal Policy in The US and Other Advanced Countries", *Comparative Economic Studies* 53, No. 3, 2011.

Jeffrey Frankel, "A Solution to Fiscal Procyclicality: The Structural Budget Institutions Pioneered by Chile", in *Fiscal Policy and Macroeconomic Performance*, edited by Luis Felipe Cespedes and Jordi Gall (Central Bank of Chile), 2012.

Jeffrey Frankel, Carlos Végh and Guillermo Vuletin, "On Graduation from Fiscal Procyclicality", *Journal of Development Economics*, Vol. 100, No. 1, Jan. 2013.

J. Galí and M. Gertler (eds.), *International Dimensions of Monetary Policy*, University of Chicago Press (Chicago, IL), 2010.

John Campbell, Ove K. Pedersen (eds.), *Legacies of Change*, New York: Aldine De Gruyter, 1996.

John Campbell, "The State and Fiscal Sociology", *Annual Review of Sociology*, Vol. 19, 1993.

John Taylor, "An Empirical Analysis of the Revival of Fiscal Activism in the 2000s", *Journal of Economic Literature*, Vol. 49, No. 3, 2011.

John Taylor, "Reassessing Discretionary Fiscal Policy", *Journal of Economic Perspectives*, Vol. 14, No. 3, 2000.

John Taylor, "The Cycle of Rules and Discretion in Economic Policy", *National Affairs*, Spring 2011.

John Taylor, "The Lack of an Empirical Rationale for a Revival of Discretionary Fiscal Policy", *American Economic Review*, Vol. 99, No. 2, 2009 (May).

John Taylor, The Rules-Discretion Cycle in Monetary and Fiscal Policy, *Finnish Economic Papers*, Vol. 24, 2011.

John Thornton, "Explaining Procyclical Fiscal Policy in African Countries", *Journal of African Economies*, Vol. 17, No. 3, 2008.

John Williamson, *Latin American Adjustment: How Much Has It Happened?*, Washington, D. C.: Institute for International Economics, 1990.

John Williamson, "What Should the World Bank Think about the Washington Consensus?", *World Bank Research Observer*, Vol. 15, No. 2, 2000.

Jordi Galí and Luca Gambetti, "On the Sources of the Great Moderation", *American Economic Journal: Macroeconomics*, Vol. 1, No. 1, 2009.

Kornai János Eric Maskin, Gérard Roland, "Understanding The Soft Budget Constraint", *Journal of Economic Literature*, Vol. 41, No. 4, 2003 (Dec.).

Lange Oskar, *On the Economic Theory of Socialism*, Macmillan, London, 1940.

Marianne Baxter and Robert King, "Fiscal Policy in General Equilibrium", *American Economic Review*, Vol. 83, 1993.

Martin Eichenbaum, "Some Thoughts on Practical Stabilization Policy",

The American Economic Review, Vol. 87, No. 2, 1997.

Martin Feldstein, "The Transformation of Public Economics Research: 1970 – 2000", *Journal of Public Economics*, Vol. 86, 2002.

Menzie D. Chinn and Hiro Ito, "What Matters for Financial Development? Capital Controls, Institutions, and Interactions", *Journal of Development Economics*, Vol. 81, Issue 1, 2006.

M. Goodfriend, "How The World Achieved Consensus on Monetary Policy", *Journal of Economic Perspectives*, Vol. 21, No. 4, 2007.

Michael Gavin and Roberto Perotti, "Fiscal Policy in Latin America", *NBER Macroeconomics Annual*, Vol. 12, 1997.

Moisés Naím, "Washington Consensus or Washington Confusion?" *Foreign Policy*, No. 118, 2000.

Moore M. Revenues, "State Formation, and The Quality of Governance in Developing Countries", *International Political Science Review*, Vol. 25, No. 3, 2004.

M. Ravn and H. Uhlig, "On Adjusting The Hodrick-Prescott Filter for the Frequency of Observations", *Review of Economics and Statistics*, Vol. 84, 2002.

M. Solow, "Rethinking Fiscal Policy", *Oxford Review of Economic Policy*, Vol. 21, No. 4, 2005.

Nese Erbil, "Is Fiscal Policy Procyclical in Developing Oil-Producing Countries?", *IMF Working Paper*, WP/11/171, 2011.

Nooree Lee, "Congressional Budget and Impoundment Control Act of 1974 Reconsidered", Harvard Law School Federal Budget Policy Seminar Briefing Paper, No. 34, 2008.

O. Blanchard, G. Dell'Ariccia, P. Mauro, "Rethinking Macroeconomic Policy", *Journal of Money, Credit and Banking*, Vol. 42, 2010.

Olivier Blanchard, Roberto Perotti, "An Empirical Characterization of the Dynamic Effects of Changes in Government Spending and Taxes on

Output", *The Quarterly Journal of Economics*, Oxford University Press, Vol. 117, No. 4, 2002.

P. Aghion and S. Durlauf (eds.), *Handbook of Economic Growth*, Vol. 1A, North-Holland, 2005.

Paul Samuelson and Robert Solow, "Analytical Aspects of Anti-Inflation Policy", *American Economic Review*, Vol. 50, 1960 (May).

Philip Lane, "The Cyclical Behavior of Fiscal Policy: Evidence from the OECD", *Journal of Public Economics*, Vol. 87, No. 12, 2003.

Philip R. Lane, Gian Maria Milesi-Ferretti, "The External Wealth of Nations Mark Ⅱ: Revised and Extended Estimates of Foreign Assets and Liabilities, 1970 – 2004", *Journal of International Economics*, Vol. 73, 2007.

R. Clarida, J. Galí and M. Gertler, "The Science of Monetary Policy: A New Keynesian Perspective", *Journal of Economic Literature*, Vol. 37, No. 4, 1999.

R. Duncan, "Institutional Quality, The Cyclicality of Monetary Policy and Macroeconomic Volatility", *Manuscript*, Ohio University, 2012.

Richard Blundell and Stephen Bond, "Initial Conditions and Moment Restrictions in Dynamic Panel Data Models", *Journal of Econometrics*, Vol. 87, No. 1, 1998.

Richard Swedberg, Joseph Schumpeter (eds.), *The Economics and Sociology of Capitalism*, Princeton: Princeton University Press, 1918.

Richurd Kopcke, G. Tootell and R. Triest (eds.), *The Macroeconomics of Fiscal Policy*, MIT Press, 2006.

R. J. Barro, "On the Determination of the Public Debt", *Journal of Political Economy*, Vol. 87, 1979.

Robert Barro and Charles Redlick, "Macroeconomic Effects of Government Purchases and Taxes", *Quarterly Journal of Economics*, Vol. 126, No. 1, 2011.

Robert Lucas and Thomas Sargent, "After Keynesian Macroeconomics", in

After the Phillips Curve: Persistence of High Inflation and High Unemployment, Boston: Federal Reserve Bank of Boston, 1978.

Åsa Hansson and Charles Stuart, "Peaking of Fiscal Sizes of Government", *European Journal of Political Economy*, Vol. 19, Issue 4, No. 2003.

S. Edwards and G. Tabellini, "Explaining Fiscal Policies and Inflation in Developing Countries", *Journal of International Money and Finance*, Vol. 10, 1991.

Stephen Bond, "Dynamic Panel Data Models: A Guide to Microdata Methods and Practice", CeMMAP Working Papers, CWP09/02, Centre for Microdata Methods and Practice, Institute for Fiscal Studies, 2002.

Tanzi Vito and Ludger Schuknecht, *Public Spending in the 20th Century—A Global Perspective*, Cambridge University Press, 2000.

T. F. Cooley (ed.), *Frontiers of Business Cycle Research*, Princeton University Press, Princeton, 1995.

Torsten Persson, Guido Tabellini, "Constitutional Rules and Fiscal Policy Outcomes", *American Economic Review*, Vol. 94, No. 1, 2004.

Valerie Ramey, "Identifying Government Spending Shocks: It's All in the Timing", *Quarterly Journal of Economics*, Vol. 126, 2011.

World Bank, "Economic Growth in the 1990s: Learning from a Decade of Reform", Washington, D. C. : World Bank, 2005.

Yasser Abdih, Pablo Lopez-Murphy, Agustin Roitman and Ratna Sahay, "The Cyclicality of Fiscal Policy in the Middle East and Central Asia: Is the Current Crisis Different?", *IMF Working Paper*, WP/10/68.

后　记

博士后工作的两年是短暂而美好的。在中国社会科学院财经战略研究院博士后工作期间，得到了我的合作导师高培勇教授的悉心指导。高老师以学部委员的身份和远见卓识，为我从宏观经济学切入到财政学的研究提供了巨大的便利条件。

财经院杨志勇研究员、张斌研究员和财税研究梯队的其他成员，对笔者的学习、研究都给予了巨大帮助。尤其要感谢范建鏋师兄、苑德宇博士后和何代欣副研究员，日常在与他们的聊天中，不知不觉受益良多。感谢财经院的其他老师，尤其是办公室聂永梅、刘胜军和朱宇辰三位老师在工作中所给予的巨大帮助。

感谢我的博士生导师张平研究员。虽然我暂别宏观经济和经济增长的研究，但是依然能够在每次去经济所时学到最新的经济学知识、了解到中国宏观经济和经济体制改革的最新动态。感谢自然、明涛等师兄、师弟。

感谢我的妻子，她不但为我创造了良好的工作环境，更是为我养育了活泼可爱的儿子，使我枯燥的学术生活有了无穷的乐趣。

本书能够顺利出版，还要特别感谢中国社会科学出版社的王琪女士。

万物周而复始。博士后生涯结束，而我又踏上了新的学术征程。

期待着新的辉煌。希望自己能够不负众望，做出更大的成绩，回报亲人，回报社会。

付敏杰
2019 年 1 月于保定